Polyptyque québécois

Découvrir le roman contemporain (1945-2001)

P.I.E.-Peter Lang

Bruxelles · Bern · Berlin · Frankfurt am Main · New York · Oxford · Wien

Études canadiennes

La collection Études canadiennes analyse les multiples facettes de la réalité canadienne dans une perspective pluridisciplinaire. Elle accueille des travaux sur tous les thèmes de recherche en sciences humaines et sociales qui ont pour objet principal le Canada dans son acception la plus large – études littéraires, historiques, sociologiques, politiques, économiques, géographiques, juridiques, médiatiques, muséologiques, etc. – mais elle met également l'accent sur les travaux comparatistes incluant le Canada.

L'une des principales originalités de la collection est d'accueillir le fruit des recherches les plus récentes menées à l'extérieur du Canada. Elle jette ainsi un éclairage significatif et inédit sur les différentes composantes de ce pays, privilégiant le développement d'un dialogue constant et original entre les scientifiques canadiens et la communauté internationale des canadianistes répartis à travers le monde.

Directeur de collection : Serge JAUMAIN
Centre d'études canadiennes
Université Libre de Bruxelles (Belgique)

Madeleine FRÉDÉRIC

Polyptyque québécois

Découvrir le roman contemporain (1945-2001)

Études canadiennes
n° 4

Une partie de la recherche a été financée grâce à une bourse de recherche (BREC) du Ministère canadien des Affaires étrangères.

Toute représentation ou reproduction intégrale ou partielle faite par quelque procédé que ce soit, sans le consentement de l'éditeur ou de ses ayants droit, est illicite. Tous droits réservés.

© P.I.E.-PETER LANG s.a.
Presses Interuniversitaires Européennes
Bruxelles, 2005
1 avenue Maurice, 1050 Bruxelles, Belgique
www.peterlang.com ; info@peterlang.com

ISSN 1781-3867
ISBN 90-5201-096-X
D/2005/5678/35

Information bibliographique publiée par « Die Deutsche Bibliothek »

« Die Deutsche Bibliothek » répertorie cette publication dans la « Deutsche Nationalbibliografie » ; les données bibliographiques détaillées sont disponibles sur le site http://dnb.ddb.de.

Table des matières

Préambule 9

Chapitre I. Gabrielle Roy : *Bonheur d'occasion* 11
    Le Québec avant la Seconde Guerre mondiale.................... 11
    Bio-bibliographie 14
    Bonheur d'occasion : une narration
    sous haute surveillance 15

Chapitre II. Hubert Aquin : *Prochain épisode* 35
    De la Grande noirceur à la Révolution tranquille................ 35
    Bio-bibliographie 38
    Prochain épisode ou le retard en prose 39
    Quand l'écriture se met en scène... 46

Chapitre III. Marie-Claire Blais :
Une saison dans la vie d'Emmanuel 53
    Bio-bibliographie 53
    Les révolutions du roman 54
    La mort et ses transfigurations 58

Chapitre IV. Réjean Ducharme : *L'avalée des avalés* 71
    Bio-bibliographie 71
    L'écriture carnavalesque dans *L'avalée des avalés* 72
    Bakhtine et la logique des choses à l'envers 76
    Rénovation 79

Chapitre V. Jacques Godbout : *Salut Galarneau !* 85
    Bio-bibliographie 85
    Godbout et la rénovation des années 1960......................... 85
    Un roman de l'affirmation.. 86
    Le carnavalesque chez Godbout... 89

Chapitre VI. Anne Hébert : *Kamouraska* 99
    Bio-bibliographie 99
    L'écriture polyphonique dans *Kamouraska* 100

Chapitre VII. Régine Robin : *La Québécoite* 113
    Bio-bibliographie 113
    Les années 1980 : (re)construire son espace urbain 114
    De l'ère du flâneur à celle du décrypteur 122

Chapitre VIII. Robert Lalonde : *Une belle journée d'avance* 127
    Bio-bibliographie 127
    Une nouvelle facture romanesque 127
    La quête de l'origine : un thème majeur 128

Chapitre IX. Marie-Célie Agnant : *La dot de Sara* 141
    Bio-bibliographie 141
    Espace en déshérence 141

Chapitre X. Abla Farhoud : *Splendide solitude* 149
    Bio-bibliographie 149
    Une vie par procuration 149
    L'impossible flâneuse 151
    Femme de haute solitude 156

Conclusions 159

Bibliographie 165

Note bibliographique 175

Préambule

Le présent ouvrage est le fruit de dix années d'enseignement de la littérature québécoise à des étudiants de l'Université Libre de Bruxelles, ainsi que d'un semestre de cours dispensé à Paris III-Sorbonne nouvelle. Il présentera peut-être quelques scories aux yeux du lecteur québécois, tant il est difficile pour une lectrice belge, pour québécoise de cœur qu'elle soit, d'échapper à une vision européenne de la littérature québécoise. Toutefois, j'espère ne pas tomber dans les travers dénoncés autrefois par Laurent Mailhot :

> Quand les Européens nous découvrent, qui ou que découvrent-ils ? Découvrent-ils des Américains francophones, des Amérindiens blancs, des Français canadiens ? Reconnaissent-ils des cousins, des frères, des fils, ou, au contraire, des individus incompréhensibles, bizarres, arriérés, fascinants ?
>
> Quand les Européens nous découvrent, ils devraient découvrir une terre étrangère, une littérature nouvelle. Or, dans la plupart des cas, ils ne redécouvrent que d'autres Mauriac, Camus, Robbe-Grillet, le Clézio, Michel Tournier ou Émile Ajar.
>
> Quand les Européens nous découvrent, tout pourrait arriver, mais la plupart du temps rien n'arrive. Ni choc des cultures, ni répulsion violente, ni séduction compliquée. Bref, aucune passion, parfois un brin d'attendrissement ou d'agacement. Nos relations sont tièdes, comme celles de cousins éloignés ou de vieux ménages résignés. (Mailhot, 1982 : 259-260)

Qui plus est, ce prisme déformant devrait être corrigé quelque peu, me semble-t-il, par une vision de francophone périphérique, qui rend le lecteur belge à ce point sensible qu'on pourrait presque parler d'empathie littéraire.

Les réserves qui précèdent laissent entendre que cet ouvrage n'a nulle prétention à l'exhaustivité, d'autant qu'il est le fruit de coups de cœur pour certains auteurs, pour certaines œuvres, pour différents tons de la production littéraire québécoise contemporaine ; les auteurs retenus ici et, pour chacun d'eux, le ou les livres présentés m'apparaissent révélateurs tout à la fois d'une poétique, mais aussi d'une étape importante dans l'élaboration du patrimoine littéraire québécois contemporain ; certains (la majeure partie) sont des valeurs reconnues, d'autres ne l'étaient pas encore au moment où j'ai croisé leur œuvre, mais le sont devenus depuis, d'autres enfin mériteraient largement de l'être.

Néanmoins, en dépit de cette subjectivité revendiquée dans le choix du corpus, la méthode, elle, se veut rigoureuse : tout au long de mes années d'enseignement, chaque « leçon » (et l'on peut voir chacun des chapitres qui vont suivre comme autant de leçons) se voulait prétexte à la découverte d'une méthode d'investigation du texte à aspiration (prétention ?) scientifique, ou à tout le moins philologique. Dans la tentative d'appréhender autant de poétiques d'auteurs ont été ainsi sollicitées les thèses de Bakhtine – polyphonie, chronotopes, carnavalesque – ainsi que la narratologie, l'approche stylistique, l'analyse du discours, notamment.

Ni étude théorique, ni essai, cet ouvrage se veut un guide, destiné à accompagner le lecteur dans son investigation, son exploration en terre québécoise. Une remontée du fleuve, en quelque sorte, en même temps que le plaisir de la divagation (au sens étymologique, s'entend). Le bonheur de la découverte plus que la rigueur démonstrative donc. C'est pourquoi j'opte ici pour la solution du préambule, de préférence à une introduction classique, car je ne souhaite pas orienter préalablement la lecture. Ce qui fait la richesse de la littérature québécoise, c'est à la fois son étonnante jeunesse et son indéniable dynamisme : en prise directe sur l'actualité la plus brûlante (la crise des années 1930 et l'entrée en guerre du Canada, répercutées chez Gabrielle Roy), en phase étroite avec l'événement en train de se faire (la Révolution tranquille, qui se veut aussi révolution romanesque), voire l'anticipant (la question indienne, pointée par Robert Lalonde bien avant la crise d'Oka), elle est éminemment polymorphe. Donner les clefs d'entrée de jeu me paraissait fausser la donne (en particulier auprès d'un public étudiant) ; ainsi j'ai préféré baliser la route, en fournissant chaque fois les éléments de contexte et de méthode nécessaires, quitte à renouer les fils au terme de la progression, par le biais d'une conclusion qui « rapaillerait » les morceaux.

Ce livre aimerait être une main tendue également à celles et ceux qui ont accompagné mes premiers pas dans cette merveilleuse aventure : à l'Université Libre de Bruxelles, Ginette Kurgan, « âme » du Centre d'Études canadiennes, et Serge Jaumain : notre amitié aura eu le privilège de naître, à onze heures du soir, à la sortie de la bibliothèque de l'Université d'Ottawa ; au Québec, Jeanne Demers à qui j'aurais tant aimé faire lire cet ouvrage qui lui doit beaucoup, Louise Milot, Janet Paterson, Réal Ouellet, Jacques Allard, René Dionne et le regretté André Belleau. Un merci tout spécial à Andrée Lévesque, qui m'aura résolument emmenée sur les chemins de traverse, pour le plus grand bonheur de la lecture. Enfin, merci à mes étudiants de l'Université Libre de Bruxelles et, plus récemment, de Paris III, pour la qualité de leur écoute et des échanges que nous aurons eus au fil de cette exploration conjointe.

CHAPITRE I

Gabrielle Roy
Bonheur d'occasion (1945)

Il peut paraître un peu abrupt de « sauter » ainsi à pieds joints dans le corpus québécois en faisant fi de tout ce qui s'est écrit précédemment. Je ne chercherai pas à enrober ce parti pris d'une justification pseudo-scientifique : il est vrai que *Bonheur d'occasion* a suscité en moi un véritable choc et aura contribué, avec *Kamouraska* d'Anne Hébert, à me faire entrer en sympathie avec la littérature québécoise ; en outre, à chaque fois que le plaisir risquait de s'émousser, à la lecture du rhétorique et pesant *Alexandre Chenevert* par exemple, la découverte d'un autre ton régien venait rétablir le charme, ainsi de la veine homodiégétique ou de la bouleversante autobiographie *La détresse et l'enchantement*.

Le Québec avant la Seconde Guerre mondiale

Une rapide remise en contexte s'avère nécessaire pour le lecteur non québécois, dans la mesure où le roman est en phase avec l'actualité la plus immédiate du Québec.

On assiste à une modification profonde de l'économie québécoise au cours des années 1920 et plus encore pendant les années 1930. L'agriculture connaît un net déclin ; à titre d'exemple, en 1900, l'agriculture représente 65 % de la production québécoise, alors qu'en 1940, elle n'atteint plus que 10 % ; dans le même temps, s'opère un dépeuplement des campagnes vers les villes et vers les États-Unis jusqu'en 1930 (début de la crise économique mondiale). Quant à l'industrialisation, elle s'amorce surtout durant les années 1920 et s'intensifie dans les années 1930, s'accompagnant de transformations sociales notables, tel un phénomène d'urbanisation : alors que la population rurale représentait, en 1901, 60 % de la population globale (2 Québécois sur 3), la proportion n'est plus, en 1941, que de 36,6 % (1 Québécois sur 3), à quoi s'ajoutent une baisse du taux de natalité, une hausse du niveau de vie et une augmentation du nombre d'ouvriers : en 1901, ils sont 129 000 ; en 1931, 291 000. Ces derniers s'entassent désormais dans les quartiers populaires des villes.

L'une des conséquences de ces bouleversements est le développement du mouvement syndical. Dès 1880 s'implantent des syndicats américains, dits « internationaux », entre autres l'AFL (American Federation of Labour). L'Église catholique québécoise s'inquiète de l'émergence de ce syndicalisme neutre et lance, en 1901, le syndicalisme catholique ; celui-ci remportera un certain succès dans les petites villes, mais pas à Montréal, fief des internationaux.

Une autre conséquence est la présence plus importante des femmes dans le circuit du travail : dès lors que la majorité de la classe ouvrière vit en dessous du seuil de pauvreté, le travail des femmes apporte un revenu supplémentaire. Toutefois leur situation est particulièrement difficile : il leur faut concilier les soins du ménage et des enfants avec un travail parfois très lourd ; elles sont en outre confrontées à l'inégalité des salaires, de même qu'à celle des droits juridiques et politiques ; mais surtout elles ne reçoivent aucun encouragement, leur travail est extrêmement mal perçu par les autorités civiles et religieuses : ces dernières y voient un risque de perdition pour les jeunes filles, estiment que les mères négligent leurs enfants et considèrent que, si les femmes étaient utiles en période de guerre, en période de récession en revanche – telle la crise des années 1930 – elles prennent les emplois des hommes.

Parmi les secteurs les plus « courus » par les femmes, on retiendra la confection des vêtements, les textiles, la chaussure (à Québec, elle constitue une industrie très importante), le tabac, le travail de bureau, ou encore les professions de serveuses, domestiques, femmes à journée, coiffeuses. Dans tous les cas, leur salaire est toujours inférieur à celui des hommes : à titre d'exemple, en 1931, le salaire moyen des femmes représente 56 % de celui des hommes ; elles font ainsi figure de main d'œuvre à bon marché et de remplissage. De surcroît le nombre d'heures qu'elles prestent est plus élevé que celui des hommes : souvent, dans l'industrie de la confection, elles ramènent chez elles l'ouvrage non terminé et se font aider par les enfants et les grands-mères ; en outre, la confection à domicile est sous-payée par rapport au même travail effectué en usine, mais elle tente plus d'une femme car elle permet de concilier le travail et le soin des enfants ; de plus, elle évite la contagion de mauvaises idées.

Cette présence accrue des femmes entraîne, dès la fin du XIXe siècle, la montée des idées féministes. Les femmes réclament entre autres le droit à l'éducation supérieure, l'égalité juridique et le droit de vote. Mais une nette différence apparaît entre anglophones et francophones, en raison de l'hostilité du clergé : la situation change généralement plus rapidement du côté anglophone et l'initiative vient également de ce côté.

Un exemple significatif nous est fourni par le droit de vote : en 1913, sous l'influence des suffragettes anglaises et américaines, est fondée la Montreal Suffrage Association, qui réclame le droit de vote pour les femmes aux élections provinciales et fédérales. En 1917, le vote au fédéral est acquis pour les femmes ayant un lien de parenté avec une personne ayant servi ou en service dans les forces armées, mesure qui a clairement pour but d'augmenter le nombre de votes favorables à la conscription. L'année suivante, ce droit est élargi à toutes les femmes majeures. En 1921, les provinces accordent à leur tour le droit de vote aux femmes, sauf la province du Québec et l'Île-du-Prince-Édouard en raison des pressions exercées par l'épiscopat. Il faudra attendre jusqu'en 1940 pour que, malgré l'opposition virulente du clergé, cette inégalité soit corrigée ; il est vrai qu'à l'époque, on a besoin des femmes dans les usines de guerre et pour occuper les postes laissés vacants par les hommes.

Une rapide explication est nécessaire pour comprendre l'emprise considérable de l'Église sur la société québécoise. Son but est de préserver les valeurs traditionnelles, à savoir celles d'une société catholique et rurale essentiellement ; pour ce faire, elle tient un discours valorisant l'agriculture, contribuant à diffuser de cette dernière une vision plus ou moins mythique, en tout cas idéalisée. L'action de l'Église se traduit par une résistance à l'urbanisation, ainsi qu'à l'émigration vers les États-Unis ; elle plaide en outre pour une politique de colonisation des terres encore inexploitées du Québec, mais cette option apparaît comme beaucoup moins tentante que les États-Unis car elle s'accompagne de conditions nettement plus rudes pour une rentabilité plus faible. L'Église exerce son contrôle partout, même en ville où elle transplante en quelque sorte la structure paroissiale prévalant en zone rurale ; elle régit de la sorte les secteurs du bien-être social (la sécurité sociale) et de l'éducation. Sa politique de résistance se traduit également vis-à-vis du risque d'assimilation non négligeable par les anglophones, tant du Canada que des États-Unis ; son objectif est très clairement de préserver la langue et les valeurs françaises. Elle verra son poids encore renforcé pendant la crise des années 1930, en raison du chômage, des faillites, des exportations freinées, etc. (Hamelin et Provencher, 1981 : 119-136).

Avant de passer à l'examen de l'œuvre de Gabrielle Roy, un bref rappel s'impose concernant l'évolution de Montréal proprement dite. Celle-ci a connu un essor considérable – accroissement de la population et extension de son territoire – dû à l'industrie : une première implantation a lieu dans les années 1850 et 1860, une seconde dans les années 1880, en raison des avantages de sa localisation au centre des réseaux de transports, qu'il s'agisse du canal Lachine ou de la construction d'installations portuaires, mais aussi de sa situation privilégiée au cœur d'un tissu de voies ferrées, à quoi s'ajoute la présence des bureaux administratifs et des ateliers d'entretien des deux principaux réseaux de chemin de fer installés à Montréal – autant de facteurs qui accentuent sa domination. Mais sa croissance se traduit aussi, au plan spatial, par l'occupation systématique du périmètre urbain et son débordement vers la banlieue ; celle-ci touche notamment, à l'ouest, Saint-Henri, une ville industrielle située en bordure du canal Lachine. Un des changements les plus significatifs se manifeste au niveau de la composition ethnique ; au milieu du XIXe siècle, Montréal est incontestablement une ville britannique, culturellement, politiquement et même architecturalement : dès les années 1840, l'architecture d'inspiration britannique remplace graduellement, sans l'éliminer tout à fait, la vieille architecture française. Cependant, vers 1865, la situation commence à se renverser et ce pour plusieurs motifs : l'arrivée des ruraux canadiens-français venus travailler dans les usines, à un moment où l'immigration d'origine britannique est nettement en baisse ; l'annexion de municipalités de banlieues, peuplées en grande majorité de francophones, contribue à accentuer ce mouvement. Néanmoins, il faudra une vingtaine d'années avant que ce renversement de composition ethnique se répercute au conseil municipal, et encore plus de temps pour que l'image de la ville et ses principales institutions culturelles retrouvent leur visage français (Linteau *et al.*, I, 1989 : 169-174).

Bio-bibliographie

Gabrielle Roy est née en 1909 à Saint-Boniface au Manitoba. Elle mènera pendant 8 ans une carrière d'institutrice. En 1937, elle part pour l'Europe (Londres, Paris, la Provence) ; elle travaillera comme pigiste, entre autres à *Je suis partout*. Elle revient au Canada en 1939 et poursuit sa carrière de journaliste dans différentes revues. En 1945, elle publie son premier roman : *Bonheur d'occasion*. Il connaît un succès immédiat et marque le début d'une carrière d'écrivain féconde : romans, contes, recueil d'écrits... Parmi ses nombreux romans, on épinglera notamment *La petite poule d'eau* (1950), *Rue Deschambault* (1955), *La montagne secrète* (1961), *La route d'Altamont* (1966), *La rivière sans repos* (1970), *Cet été qui chantait* (1972), *Ces enfants de ma vie* (1977), ainsi que son autobiographie *La détresse et l'enchantement* (1988), publiée après sa mort, survenue en 1983.

Bonheur d'occasion : une narration sous haute surveillance

Le succès immédiat de *Bonheur d'occasion*[1] s'explique par son caractère doublement novateur : à la fois roman urbain et mettant en scène la classe ouvrière.

Il n'est cependant pas le tout premier roman urbain : avant lui ont paru *Les demi-civilisés* de Jean-Charles Harvey (1934) et *Au pied de la pente douce* de Roger Lemelin (1944). Il n'en reste pas moins qu'il appartient à une lignée relativement peu représentée, même si elle correspond à l'évolution réelle du Québec à l'époque ; de fait, on vient de le voir, l'industrialisation et ses conséquences : urbanisation et augmentation du nombre d'ouvriers entraîne une concentration de ces derniers dans les quartiers populaires des villes. Dès lors qu'il accorde une présence et une épaisseur plus grandes à la classe ouvrière, le roman de Gabrielle Roy reflète cette évolution de la société québécoise et rompt avec le roman rural, conservateur et traditionaliste. Un an auparavant déjà, Roger Lemelin, dans *Au pied de la pente douce*, avait mis en scène la population ouvrière de Québec. Avec *Bonheur d'occasion*, vient le tour de Montréal et, plus particulièrement du quartier Saint-Henri. La classe ouvrière y est dépeinte dans son langage et peut-être plus encore ses difficultés à s'exprimer, dans ses complexes entre autres vis-à-vis des anglophones, et enfin dans ses rêves ou ses ambitions.

La réception particulièrement favorable du public tient également au fait que le contexte évoqué est encore très proche dans le temps et surtout dans les esprits : si l'action se déroule de fin février à fin mai 1940, référence est faite en outre à la crise des années 1930 – en tout cas à ses dernières années. C'est donc à la fois la fin de la crise et l'entrée en guerre du Canada qui servent de toile de fond au roman ; en définitive donc un contexte proche avec juste ce qu'il faut de distanciation pour amortir le choc auprès de ceux qui eurent à en souffrir. En effet, même si en 1945, la situation a changé : la guerre a pris fin et le Canada connaît et connaîtra des années de prospérité socio-économique assise précisément sur la guerre et la reconstruction en Europe, les échos réservés dans le roman aux problèmes quotidiens vécus peu de temps auparavant par la population de Saint-Henri sont nombreux et susceptibles de résonner en plus d'un. Ainsi en est-il du problème du chômage : Azarius, au moment de la crise, perd l'emploi de menuisier pour lequel il était qualifié ; la suite de son parcours ne sera plus que rêves et décadence : il sera successivement conducteur de taxi puis de truck, avant de

---

[1] Roy G., *Bonheur d'occasion*, rééd. Montréal-Paris, Stanké, 1978, coll.10/10. Dorénavant, pour les citations, on utilisera l'abréviation *BO*, suivie de la référence de page entre parenthèses.

connaître le chômage, dont il ne sortira que par son engagement volontaire à l'armée ; jusqu'à son engagement, Pitou n'a jamais réussi à décrocher le moindre travail, une dernière « chance » dont ne bénéficiera même pas Alphonse ; quant à Boisvert, il sera le seul à profiter véritablement de la guerre, qui lui permet d'occuper un emploi libéré par un engagé.

La question du travail des femmes trouve également un large écho : Florentine est serveuse au *Quinze-Cents*, ce qui constitue un revenu supplémentaire pour la famille et même, lorsque Azarius sera au chômage, l'unique revenu ; mais en même temps, ce travail s'accompagne d'un risque de perdition, une idée attachée quasi automatiquement au travail des femmes et qui se vérifie en l'occurrence ici ; la discussion entre Florentine et Marguerite est, à cet égard, hautement révélatrice : on y retrouve les préjugés associés aux amours hors mariage et la crainte de la perte d'emploi qui viendrait les sanctionner (*BO*, 268-269). Marguerite, campagnarde venue à la ville, est elle aussi un bon exemple, dès lors qu'elle est collègue de Florentine au *Quinze-Cents*. Rose-Anna, la mère de famille, devra à son tour intégrer le circuit du travail pour apporter un complément de revenus : elle fera des ménages chez les Létourneau, ainsi que des travaux de couture. Du côté anglophone, on retiendra la figure de l'infirmière Jenny. Il est important de souligner qu'aucune de ces travailleuses ne pose le problème des places prises aux hommes, dans la mesure où, d'une part, les métiers qu'elles exercent sont subalternes et traditionnellement réservés aux femmes ; d'autre part, certains d'entre eux, tels les travaux à domicile, permettent de concilier revenus supplémentaires et éducation des enfants.

Le thème des maternités multiples apparaît également : à 40 ans, Rose-Anna est enceinte pour la douzième fois, ce qui entraîne pour corollaires inévitables l'aggravation des problèmes économiques de départ, le vieillissement précoce de la mère – le contraste entre elle et Azarius est souligné sans détours – et la faiblesse de constitution des enfants : la débilité de ses enfants tranche sur la santé florissante de leurs cousins de la campagne, elle trouvera une confirmation tragique dans la mort du petit Daniel. Cette dernière figure illustre par ailleurs le thème de la scolarité irrégulière des enfants ; Daniel est contraint de s'absenter pendant plusieurs semaines, de septembre à après la Noël : à cause de la pluie car il ne possède pas de caoutchoucs, en raison de la neige parce qu'il n'a pas de manteau, enfin parce qu'il a de la fièvre.

Les inégalités entre anglophones et francophones sont pointées à plusieurs reprises, qu'il s'agisse du logement : Westmount, quartier aéré et verdoyant, contraste avec Saint-Henri, gris, sale et pollué (on y reviendra lors de l'examen des chronotopes). L'infirmière Jenny, qui soigne

Daniel, est très nettement présentée comme figure autre : elle n'est pas catholique (« elle ne fait pas le signe de la croix ») ; en outre, quand elle s'adresse à lui et à Rose-Anna en anglais, c'est cette dernière qui est gênée de mal connaître l'anglais. Dans un même ordre d'idées, lors de l'embarquement des troupes canadiennes à la gare, les hymnes et les slogans sont émis en anglais ; une situation rencontrée auparavant déjà, dans le régiment des jeunes enrôlés, ou lors de la scène évoquant Pitou montant la garde.

La première impression qui se dégage de la lecture est dès lors celle d'une description « objective », sans détours, d'une réalité socio-économique pas si lointaine, même si la fin de la guerre a apporté une amélioration nette car les années de guerre et de reconstruction ont offert une chance inespérée à l'économie canadienne. Impression renforcée par l'introduction d'un langage à connotation populaire, attesté notamment par la différence de niveau de langage entre Florentine et Jean. Elle résulte aussi du fait que la classe ouvrière nous est dépeinte dans ses habitudes et même dans ses rêves, entre autres les rêves de midinette de Florentine. Elle se voit confirmée enfin par le recours à un cadre réel : un coup d'œil jeté au $DOLQ^2$ nous montre des photos du cinéma Cartier et du restaurant *Les Deux Records*, fréquentés par les protagonistes.

Cette impression se doit pourtant d'être nuancée, d'autant qu'elle est très largement et très tôt relayée par la critique. Lors de la parution de *Bonheur d'occasion*, on peut, en effet, lire ceci dans le grand journal montréalais, *Le Devoir*, daté du 15 septembre 1945 :

> L'auteur fait parler ses personnages, les laisse parler plutôt, exactement comme elle les a entendus faire, de façon très objective. (Roy, 1945 : 390)

Cette objectivité colorera pendant de longues années encore la perception que l'on aura de l'œuvre, comme l'atteste notamment la réception critique de *Alexandre Chenevert*, quelque dix ans plus tard :

> Gabrielle Roy laisse Alexandre Chenevert se définir lui-même par ses songes et ses introspections ; elle demeure invisible derrière les dires et les actes de son héros. (*Le Temps*, 23 avril 1954, cité dans Roy, 1954 : 390)

Dans une précédente étude (Frédéric, 1995a), j'ai tenté de confronter cette hypothèse à une analyse interne un peu plus serrée des romans faisant intervenir un narrateur hétérodiégétique, à savoir « un narrateur absent de l'histoire qu'il raconte » (Genette, 1972 : 252), dans la mesure où, par essence, le récit hétérodiégétique est en principe un garant d'objectivité, puisqu'il assure un détachement maximal de l'instance

---

[2] *Dictionnaire des œuvres littéraires du Québec.*

narrative, dès lors qu'elle n'est pas partie prenante dans l'histoire racontée. Ce n'est pas le cas, en revanche, du récit homodiégétique, dans lequel le narrateur, « présent comme personnage dans l'histoire qu'il raconte » (*Ibid.*), s'y trouve du même coup impliqué dans des proportions qui varient selon le rôle qu'il y joue ; cette veine est représentée par des œuvres telles *La petite poule d'eau*, *La route d'Altamont*, *Rue Deschambault*, etc.

Les dépouillements avaient été effectués pour quatre romans : *Bonheur d'occasion*, *Alexandre Chenevert*, *La montagne secrète* et *La rivière sans repos* ; toutefois, dans les pages qui suivent, on ne retiendra que les résultats concernant le premier. À la lecture de tels romans, on n'est pas long à constater qu'on se trouve en fait confronté à une narration pseudo-objective, à un univers où rien n'est libre, mais où tout est plié à une démonstration savamment – et plus ou moins discrètement orientée.

L'instance narrative : de l'omniscience à l'omnipotence

Ceci est dû avant tout au fait que ces récits, comme en général le récit classique, sont tous faits par un narrateur omniscient, qui connaît entre autres les pensées les plus secrètes des personnages. Cette omniscience, qui confine à l'omnipotence, s'affiche quasi ouvertement, dès lors que la modalisation, qui viendrait en quelque sorte la freiner, est assez rare dans *Bonheur d'occasion* :

> elle dut sentir comme une force qui la maîtrisait, car, brusquement, elle chercha à se dégager. (*BO*, 78)

> Elle commença de se balancer un peu du buste, selon son habitude, même sur une chaise droite. Ce mouvement semblait l'aider à réfléchir. (*BO*, 93)

> Rose-Anna n'avait peut-être qu'à paraître dans cette lumière abondante du bazar, dans ses vêtements de ville, elle n'avait peut-être qu'à sortir de la pénombre où elle s'était retranchée depuis tant d'années, pour que Florentine la vît enfin, elle et son pauvre sourire qui avait l'air, dès l'abord, de chercher à égarer l'attention, du moins à la détourner d'elle-même. (*BO*, 119)

Ressources verbales (*devoir, sembler*), adverbiales (*peut-être*) ou autres constituent autant de moyens de feindre une certaine modestie, en tout cas d'abandonner une partie des prérogatives énormes que le narrateur semble s'arroger. Il n'empêche que, comme le fait très justement observer Catherine Kerbrat-Orecchioni :

> ces modalisateurs, en même temps qu'ils explicitent le fait que l'énoncé est pris en charge par un énonciateur individuel dont les assertions peuvent être contestées, en même temps donc qu'ils marquent le discours comme subjectif, renforcent l'objectivité à laquelle il peut par ailleurs prétendre. Car avouer ses doutes, ses incertitudes, les approximations de son récit, c'est

faire preuve d'une telle honnêteté intellectuelle que c'est le récit dans son ensemble qui s'en trouve, singulièrement, authentifié. (Kerbrat-Orecchioni, 1980 : 143-144)

Le discours intérieur dans tous ses états

Cette toute-puissance du narrateur, qui assume les pensées et les désirs les plus intimes des personnages transparaît également dans les fragments de discours intérieurs en tout genre : discours narrativisé, discours indirect, discours indirect libre, ou encore discours direct, qui apparaissent ici et là dans le récit. Ce qui est intéressant dans cet usage, outre qu'il reflète différents degrés d'émancipation du personnage par rapport à l'instance narrative (émancipation qui va croissant de l'un à l'autre de ces états), c'est qu'il permet au narrateur de jouer sur une ambiguïté inhérente au style indirect libre :

> l'absence de verbe déclaratif [...] peut entraîner (sauf indications données par le contexte) une [...] confusion [...] entre le discours [...] du personnage et celui du narrateur. (Genette, 1972 : 192)

Dans le récit, on assiste à quelques-uns de ces dérapages. Ainsi au chapitre VII, les pensées de Rose-Anna, partie en quête d'un logis, nous sont livrées tantôt sous forme de discours narrativisé, tantôt sous forme d'un discours indirect, tantôt encore sous celle d'un discours direct ; quant aux fragments de discours indirect libre, il est souvent difficile de faire la part de ce qui revient à Rose-Anna ou au narrateur. Le lecteur dispose ici et là de quelques indices fournis par le contexte :

> Elle s'arrêta à une réflexion amère ; plus la famille avait été nombreuse, plus leur logement était devenu étroit et sombre. (*BO*, 96)
>
> Les pires jours de leur vie ! songeait Rose-Anna. (*BO*, 96)
>
> L'image d'Yvonne lui effleura l'esprit. Elle s'arrêta sur une impression de saisissement. N'était-elle pas une de ces créatures dont parlait l'enfant et qui enfonçait des épines dans le cœur du Sauveur ? (*BO*, 103)

Dans tous ces exemples, en effet, le discours indirect libre suit ou précède immédiatement un verbe ou une expression de sentiment ou d'opinion mis explicitement en relation avec le personnage.

Mais la plupart du temps, c'est beaucoup moins clair et ce qui démarre en fait comme un discours du narrateur s'avère en réalité (ou glisse peu à peu vers) un discours du personnage :

> « Non, se dit Rose-Anna, Florentine ne voudra jamais venir ici... » Elle rebroussa chemin, s'engagea cette fois vers la rue du Couvent. Elle se trouva dans une petite avenue paisible, bordée de maisons bourgeoises. Il y avait des rideaux de dentelle aux vitres de verre coloré ; les stores de couleur crème étaient à demi tirés ; aux façades, on voyait des plaques-enseignes de

cuivre et, de-ci de-là, sur le bord des fenêtres des plantes robustes qui avaient plus d'air, plus d'espace, songeait Rose-Anna, que les enfants entrevus tantôt dans la maison de la rue Saint-Ferdinand. (*BO*, 101)

Le passage s'amorce sur un discours intérieur de Rose-Anna, désigné comme tel, puisqu'il apparaît sous forme de discours direct. L'instance narrative reprend ensuite la direction des opérations dans les deux phrases suivantes et, semble-t-il, dans la dernière : c'est en tout cas ce que laisserait supposer une tournure comme *on voyait*, difficilement attribuable à Rose-Anna ; pourtant, peu après, l'incise *songeait Rose-Anna* vient tout remettre en question et colorer à rebours, pour ainsi dire, ce qui précède comme un discours indirect libre du personnage.

Les commentaires métanarratifs

Ce narrateur omnipotent n'hésite pas d'ailleurs à faire des intrusions directes dans sa narration, comme le montrent les commentaires métalinguistiques – métanarratifs, faudrait-il dire – qui apparaissent ici et là :

> Bientôt, elle arriva dans la rue Workman, qui porte bien son nom. « Travaille, ouvrier, dit-elle, épuise-toi, peine, vis dans la crasse et la laideur. » (*BO*, 100)

et un peu plus loin :

> Toutes les maisons – il ne faudrait pas dire les maisons, car comment les distinguer les unes des autres ; c'est au numéro seul, au-dessus de la porte, qu'on reconnaît leur piteux appel à l'individualité – toutes les maisons de la rangée, non plus deux ou trois sur cinq, mais toutes s'offraient à louer. (*BO*, 100)

Dans le récit hétérodiégétique, on le sait, l'instance narrative n'est pas partie prenante dans l'histoire racontée ; elle est donc susceptible de tenir un discours plus objectif que dans le cas d'un récit homodiégétique. Or le discours objectif, étant entendu comme celui « qui s'efforce de gommer toute trace de l'existence d'un narrateur individuel » (Kerbrat-Orecchioni, 1980 : 71), est en réalité difficilement compatible avec de tels commentaires métalinguistiques, surtout lorsqu'ils se doublent – comme dans le second exemple – de la présence d'axiologiques tel l'adjectif *piteux* et d'une répétition d'insistance : « *toutes* les maisons de la rangée, non plus deux ou trois sur cinq, mais *toutes* », qui trahit à suffisance les velléités démonstratives de l'énonciateur.

Des personnages sous influence

Mais c'est sans nul doute dans la présentation même des personnages que transparaît de la manière la plus flagrante la toute-puissance du narrateur ; cette présentation est, en effet, très nettement orientée. Qui plus est, les personnages ne disposent que d'une autonomie très faible et même quasi nulle ; ils servent en réalité le propos de l'auteure.

Que la présentation des personnages est orientée, la multiplication des axiologiques le dit assez ; Rose-Anna nous est présentée comme :

> une petite femme ronde de partout, avec un front encore beau, des yeux bruns courageux et des rides mobiles entre les sourcils. (*BO*, 93)

Emmanuel a peu de choses à lui envier, lui dont la figure est :

> animée d'une belle expression de franchise et d'amitié. (*BO*, 52)

et plus loin :

> Le sourire donnait à son visage sa naturelle expression de douceur. (*BO*, 54)

Si les adjectifs *beau/belle*, *courageux* et les substantifs *franchise*, *amitié*, *douceur* établissent autour de ces deux figures tout un réseau de connotations positives − c'est en ce sens aussi qu'opèrent les adjectifs évaluatifs, non axiologiques ceux-là (Kerbrat-Orecchioni, 1980 : 83ss.), *petite et ronde de partout* −, qui ne feront que s'étoffer tout au long du roman, ce n'est guère le cas en revanche dans la présentation qui nous est faite de Jean Lévesque, par exemple. On sera cependant sensible à l'habileté de Gabrielle Roy qui prend soin de décharger en quelque sorte le narrateur de cette présentation négative en l'imputant à Florentine :

> Il avançait le visage et levait sur elle des yeux dont elle discerna en un éclair toute l'effronterie. La mâchoire dure, volontaire, l'insupportable raillerie des yeux sombres, voilà ce qu'elle remarquait le plus aujourd'hui dans ce visage. (*BO*, 12)

Si dans ce premier chapitre, la médiation d'un tiers peut encore faire illusion, ce n'est plus le cas par contre dès le chapitre suivant :

> tout tendu vers le succès, tout dévoré d'ambition, une seule chose lui paraissait vraiment importante : l'emploi judicieux de son temps. (*BO*, 27)

Dans un tel passage, comme en bien d'autres du roman, le narrateur est seul à assumer ce portrait, indéniablement orienté.

Dresser l'inventaire des adjectifs et substantifs associés à tel ou tel personnage reviendrait à voir s'élaborer au fil de l'œuvre de véritables configurations connotatives attachées aux figures principales et distillant comme en contrepoint une image que viendront confirmer leurs agissements mêmes.

Cette présentation orientée ne touche pas que l'aspect extérieur des personnages : ici et là, l'instance narrative n'hésite pas à démonter de manière impitoyable leur imaginaire le plus secret, qu'il s'agisse des rêveries de midinette de Florentine, qui brûle de conquérir la ville dans la foulée de Jean Lévesque (*BO*, 21-22), ou des plages d'évasion dérisoires que tente de se ménager Rose-Anna :

> Elle avait alors des idées innocentes et puériles. Elle imaginait un oncle riche qu'elle n'aurait jamais connu et qui, en mourant, lui céderait une grande fortune ; elle se voyait aussi trouvant un porte-monnaie bien rempli qu'elle remettait à son propriétaire évidemment, mais pour lequel elle toucherait une belle récompense. L'obsession devenait si vive qu'elle se mettait à fouiller le sol d'un œil enfiévré. Puis elle avait honte de ces fantaisies. (*BO*, 99)

Le contenu de ces rêveries est déjà suffisamment éloquent en soi ; mais comme si cela ne suffisait pas, le narrateur fait une nouvelle fois appel aux axiologiques (adjectifs *innocentes*, *puériles* et substantif *fantaisies* dont on ne sait s'il appartient au discours du personnage ou à celui du narrateur) pour moduler très sûrement leur dévalorisation, d'autant qu'ils les encadrent étroitement.

C'est le même type de prérogatives que s'arroge l'instance narrative lorsqu'elle qualifie les souvenirs qu'échangent Rose-Anna et Azarius comme :

> Des riens qui les plongeaient dans des réflexions béates et faciles. (*BO*, 192)

Ici encore, l'énonciateur « se pose implicitement comme la source évaluative de l'assertion » et fait basculer l'énoncé dans la sphère du discours subjectif (Kerbrat-Orecchioni, 1980 : 71).

Certains de ces personnages servent à ce point la démonstration qu'ils prennent l'allure de types. Le cas le plus frappant est celui de Rose-Anna qui, au sein de la classe ouvrière, apparaît comme l'illustration parfaite de la femme canadienne-française traditionnelle : profondément marquée par l'empreinte de la religion, notamment par le poids de la faute :

> Quelle folie que d'être allé aux sucres ! Chercher une joie, n'était-ce pas pour eux, est-ce que ce n'avait pas toujours été un sûr moyen de s'attirer la malchance ? Oh ! qu'elle paraissait absurde et incompréhensible, maintenant, la frénésie de bonheur, qui, tous, les avait saisis.
>
> [...] elle revoyait le corps à demi dévêtu de Daniel, marbré de violet, le ventre trop gros, les bras pendants ; et elle se sentait comme honteuse.
>
> Ses autres enfants lui paraissaient tout aussi menacés. Elle se souvenait maintenant qu'à la clinique, il avait été question d'alimentation rationnelle, propre à former les os, les dents, et à assurer la santé. Une espèce de ricanement monta à sa gorge. Ne lui avait-on pas souligné que cette alimentation était à la portée de tous les budgets ? Ne lui avait-on pas clairement montré son devoir ? Ses prunelles se remplirent d'angoisse. Peut-être manquait-elle,

en effet, à sa tâche. Elle finit par s'en persuader et regarda autour d'elle pour la première fois de sa vie avec des yeux secs et mauvais. (*BO*, 221-222)

Dans son esprit, une liaison évidente s'établit désormais entre la journée aux sucres et le triple châtiment qui s'abat sur eux : l'accident de truck et le renvoi d'Azarius, la « faute » de Florentine, la maladie et l'hospitalisation de Daniel – une induction qui n'entraîne chez elle que fatalisme et résignation :

> Qu'est-ce qu'on avait affaire aussi d'aller aux sucres ! C'est depuis ce temps-là que Daniel est malade. Nous autres, on n'est pas né pour la chance. (*BO*, 261)

Elle fait preuve d'une piété manifeste ; ainsi, au moment de quitter leur maison pour ce qui sera en fait la dernière « demeure » familiale (en réalité, une masure assez sordide, tout à côté des rails du chemin de fer), elle emporte ce à quoi elle tient le plus, et notamment :

> Elle cueillit sur le buffet quelques objets de piété dont elle ne se séparait jamais. (*BO*, 281)

et, au milieu des siens (du moins de ceux qui restent) et de « son pauvre mobilier » (*BO*, 279), elle s'en veut d'avoir douté :

> elle fut consciente que tout ce qu'elle avait pu sauver du désastre était bien autour d'elle et que, même, il lui restait encore une grande part intacte de sa richesse. Et alors un regret à demi formulé surgit brusquement du fond de son âme croyante : elle avait douté de la bonté divine, son cœur pendant quelque temps s'était refusé à l'espérance ; c'était mal, très mal. (*BO*, 281)

Elle fait montre d'un courage et d'une énergie (presque) à toute épreuve. L'évocation du courage de sa mère redonne un instant l'espoir à Florentine :

> Ce courage de Rose-Anna luisait subitement comme un phare devant elle. La maison allait la reprendre, la guérir. (*BO*, 258)

Le passage suivant est particulièrement révélateur :

> L'énergie lui revenait en vagues rapides, consolantes. Femme du peuple, elle semblait en avoir une inépuisable réserve. (*BO*, 273)

L'auteure distille tout au long du roman cette équation entre Rose-Anna et la femme du peuple canadienne-française ; elle se voit ainsi promue au rang de modèle, de figure exemplaire.

Un procédé qui va dans le même sens réside dans l'utilisation de paires contrastées : Jean Lévesque sert en quelque sorte de repoussoir à Emmanuel Létourneau. Cela transparaît dans le portrait qui en est donné ; nous avons vu comment des adjectifs et des substantifs judicieusement choisis contribuaient à l'élaboration de constellations connotatives, plutôt négatives pour le premier, franchement positives pour le second. Leur attitude aussi est révélatrice ; le ton est donné d'emblée par les rapports qu'ils entretiennent avec l'établissement de la mère Philibert : Jean renonce à s'y rendre même pour épater la galerie, Emmanuel y retourne pour retrouver ses copains d'enfance. Différence d'attitude que viendront confirmer leurs relations avec Florentine : dureté et ironie de la part de Jean qui ne veut pas qu'elle soit un obstacle à sa carrière, compréhension et délicatesse d'Emmanuel qui l'aime sincèrement. Rose-Anna est elle aussi prise dans un réseau de paires antithétiques : Rose-Anna et sa fille Florentine, Rose-Anna et l'infirmière Jenny, Rose-Anna et Azarius, etc. Ce dernier sera à son tour opposé à son fils Eugène par le biais de deux discussions parfaitement symétriques tenues aux *Deux Records*, et dont la seconde donnera lieu à un contraste quelque peu appuyé (*BO*, 44ss. *versus* 243ss.).

La stratégie des chronotopes

Les personnages ne sont toutefois pas les seuls à servir le propos de l'auteure : même l'espace et le temps sont infléchis à la démonstration en cours.

L'étude de cette question se révèle particulièrement féconde à la lumière des thèses de Mikhaïl Bakhtine. C'est lui, en effet, qui a insisté le premier sur la nécessité d'analyser conjointement les relations spatiales et les relations temporelles, la fusion des deux donnant naissance à ce qu'il appelle les chronotopes :

> Nous appellerons *chronotope*, ce qui se traduit, littéralement, par 'temps-espace' : la corrélation essentielle des rapports spatio-temporels, telle qu'elle a été assimilée par la littérature [...]
> Dans le chronotope de l'art littéraire a lieu la fusion des indices spatiaux et temporels en un tout intelligible et concret. (Bakhtine, 1978 : 237)

et quelques pages plus loin :

> Le chronotope détermine l'unité artistique d'une œuvre littéraire dans ses rapports avec la réalité. (*Ibid.* : 15)

C'est donc tout à la fois la liaison (l'interrelation pourrait-on dire) temps-espace qui doit être envisagée – sans qu'il soit question de privilégier l'un au détriment de l'autre – mais aussi, dans le même temps, le lien que cette unité spatio-temporelle entretient avec la réalité[3].

---

[3] Ce n'est pas le lieu ici d'entrer dans le détail de l'analyse ; je renvoie donc le lecteur à l'un des exemples particulièrement parlants choisis par Mikhaïl Bakhtine pour illustrer ce concept : celui du salon (Bakhtine, 1978 : 387-388).

L'examen de *Bonheur d'occasion* mené dans cette perspective ouvre une série de pistes intéressantes.

La première nous sera fournie par la progression que dessinent trois chronotopes-clef du roman : la Montagne (Westmount), Saint-Henri et « la dompe ».

Il est significatif de constater que le passage de l'un à l'autre correspond à une descente – descente à la fois géographique : vers le fleuve ; mais aussi descente dans l'échelle sociale : Westmount, lieu de résidence privilégiée de la bourgeoisie anglophone, contraste avec Saint-Henri, quartier de Montréal où s'entasse la population ouvrière francophone :

> Le train passa. Une âcre odeur de charbon emplit la rue. Un tourbillon de suie oscilla entre le ciel et le faîte des maisons. La suie commençant à descendre, le clocher Saint-Henri se dessina d'abord, sans base, comme une flèche fantôme dans les nuages. L'horloge apparut ; son cadran illuminé fit une trouée dans les traînées de vapeur ; puis, peu à peu, l'église entière se dégagea, haute architecture de style jésuite. Au centre du parterre, un Sacré-Cœur, les bras ouverts, recevait les dernières parcelles de charbon. La paroisse surgissait. Elle se recomposait dans sa tranquillité et sa puissance de durée. École, église, couvent : bloc séculaire fortement noué au cœur de la jungle citadine comme au creux des vallons laurentiens. Au-delà s'ouvraient des rues à maisons basses, s'enfonçant de chaque côté vers les quartiers de grande misère, en haut vers la rue Workman et la rue Saint-Antoine et, en bas, contre le canal de Lachine où Saint-Henri tape les matelas, tisse le fil, la soie, le coton, pousse le métier, dévide les bobines, cependant que la terre tremble, que les trains dévalent, que la sirène éclate, que les bateaux, hélices, rails et sifflets épellent autour de lui l'aventure.
>
> [...] Mais au-delà, dans une large échancrure du faubourg, apparaît la ville de Westmount échelonnée jusqu'au faîte de la montagne dans son rigide confort anglais. Il se trouve ainsi que c'est aux voyages infinis de l'âme qu'elle invite. Ici, le luxe et la pauvreté se regardent inlassablement depuis qu'il y a Westmount, depuis qu'en bas, à ses pieds, il y a Saint-Henri. Entre eux s'élèvent des clochers. (*BO*, 37-38)[4]

---

[4] Le contraste entre les deux est évoqué à plusieurs reprises dans l'œuvre ; cf. notamment (les extraits suivants étant assez longs, nous n'en citerons que les première et dernière phrases) :
« À pas moins sûrs, moins courageux, elle s'engagea vers les endroits les plus misérables, derrière la gare de Saint-Henri. [...] Chaque printemps, l'affreuse rue se vidait ; chaque printemps elle se remplissait. » (*BO*, 100-101)
et :
« Du Mont-Royal, s'allongeant jusqu'au-dessus de Saint-Henri, elle ne connaissait que l'oratoire Saint-Joseph et le cimetière où les gens d'en bas vont comme ceux d'en haut mettre leurs morts en terre. [...] Au contraire, à mesure qu'elle allait, elle

À l'aspect verdoyant, aéré, pur du premier s'oppose le caractère étriqué, insalubre, voire sordide du second.

Au terme de la progression géographique et sociale viendra la dompe (« le dépotoir ») : véritable bidonville jouxtant le fleuve, elle abrite le quart-monde et les rats. Alphonse, le laissé pour compte de ce microcosme montréalais, en dressera pour Emmanuel un tableau saisissant (*BO*, 309-377).

Cette dégradation progressive interne à Montréal trouve son contrepoint dans l'opposition ville-campagne – l'un des *topoi* les plus résistants de la littérature canadienne – qui se dégage du voyage à Saint-Denis (chapitre XV) : espace *versus* enfermement, beauté du paysage *versus* grisaille de Saint-Henri, souvenir d'un bonheur passé *versus* difficultés présentes et celles que Rose-Anna sent poindre continuellement, santé des enfants Laplante *versus* déchéance physique des petits Lacasse, etc.

Appelé à jouer un rôle capital en période de crise et de chômage, le deuxième chronotope qui nous retiendra est celui du restaurant, de la taverne – disons de l'établissement, pour adopter un dénominateur commun à des entités parfois fort différentes.

Les personnages du roman convergent principalement vers trois établissements : le *Quinze-Cents*, les *Deux Records* (chez Sam Latour) et le débit d'Emma Philibert. On voit se dessiner de l'un à l'autre une hiérarchie qui rappelle nettement les trois zones montréalaises précédentes, à la différence (déjà significative en soi) près que la bourgeoisie anglophone reste, cette fois, totalement à l'écart.

À l'échelon supérieur, le *Quinze-Cents* est fréquenté par la frange active de la population, ce qui ressort des toutes premières pages déjà :

> De nouveaux consommateurs affluaient vers le comptoir. C'était l'habituelle ruée d'entre midi et une heure : quelques travailleurs du quartier habillés de gros coutil, des commis des magasins de la rue Notre-Dame, à col blanc et à petits feutres mous qu'ils jetaient sur la table, deux nonnes du service social à mantes grises, un chauffeur de taxi, et plusieurs ménagères qui, entre deux tournées d'emplettes, venaient se restaurer d'un café brûlant ou d'une assiette de frites. (*BO*, 17)

Qu'il s'agit de la frange active de la population, le rythme effréné de l'endroit le dit assez. C'est tout sauf un lieu de discussions : Florentine et Jean n'y ont que des bribes de conversation et, lorsque Rose-Anna

---

se l'imaginait isolé, tout petit, et regrettant dans ce grand silence, le passage des trains qui ébranlaient leur logis à Saint-Henri. » (*BO*, 220)

viendra rendre visite à Florentine, elle aura la très nette impression de retarder sa fille dans son travail.

Si les clients du *Quinze-Cents*, à première vue du moins, ne semblent pas trop éprouvés par la crise, c'est déjà moins vrai de ceux qui fréquentent les *Deux Records* : travailleurs (une absence notable – et qui confirme la hiérarchie décelée d'un établissement à l'autre : celle des cols blancs) et chômeurs s'y côtoient, sans que l'exclusion du circuit du travail implique celle du lieu : Azarius qui a coutume de s'y rendre au début du roman, à l'époque où il est chauffeur de taxi, conserve ses habitudes une fois qu'il a perdu tout emploi.

À l'échelon le plus bas, le restaurant de la mère Philibert est le refuge des jeunes chômeurs et/ou paumés (l'âge semble distinguer ces chômeurs de ceux qui fréquentent l'établissement de Sam Latour) qui savent qu'au besoin, ils pourront compter sur la générosité de la patronne pour leur faire crédit (provisoirement ou même définitivement). Ce n'est pas un hasard si Jean Lévesque renonce à s'y rendre (à la différence d'Emmanuel qui n'hésite pas à « déroger » pour retrouver ses amis d'enfance) et préfère fréquenter les deux établissements précédents.

Une autre piste intéressante à suivre est celle des chronotopes mouvants[5], qui semblent liés indéfectiblement à la condition même de la classe ouvrière, comme le montrent les réflexions de Jean :

> Au hasard, il s'engouffra dans une des ruelles sombres qui débouchent dans la rue Notre-Dame. Aux murs des maisons, à droite, à gauche, il distinguait, chaque fois qu'il entrait dans la faible lueur d'une lampe à arc, des écriteaux : « À louer ».
>
> Chez ce peuple instable du faubourg, la crise du déménagement annuel s'annonçait déjà.
>
> « C'est donc que le printemps s'en vient », pensa le jeune homme.
>
> « À louer », il lui apparut que ce n'était pas qu'aux maisons qu'il aurait fallu poser cette affiche. Elle collait aux êtres. À louer, leurs bras ! À louer, leur oisiveté ! À louer, leurs forces et leurs pensées surtout, qu'on pouvait dénaturer à souhait, entraîner comme par le vent dans la direction voulue. Prêts à tous les hasards, leur lointaine énergie inutilisée pendant tant d'années, et leurs espoirs engourdis. Prêts comme les maisons pour l'inconnu. Sortant du dégel, de la moisissure ! Prêts à cet appel qui passait les frontières et se propageait plus vite que le son du tocsin. Prêts pour la guerre. (*BO*, 50-51)

---

[5] Pour cette notion, voir aussi Frédéric, 1987 et 1988.

et celles de Rose-Anna :

> De quelque côté qu'elle levât les yeux, Rose-Anna apercevait des écriteaux : « À louer ». Une fois par an, il semblait bien que le quartier, traversé par le chemin de fer, énervé par les sifflets des locomotives, s'adonnait à la folie du voyage et que, ne pouvant satisfaire autrement son désir d'évasion, il se livrait au déménagement avec une sorte d'abandon contagieux. Deux maisons sur cinq montraient alors leurs écriteaux salis : « À louer, À louer, À louer » !
>
> Rose-Anna rencontrait plusieurs femmes du peuple qui, en examinant les maisons comme elle, marchaient lentement. Elles étaient déjà nombreuses celles qui cherchaient un nouveau logis ; dans quelques semaines, elles seraient des centaines. Rose-Anna se dit qu'il fallait se hâter de devancer la grande ruée d'avril. (*BO*, 98)

Cette « déménagite » printanière annuelle, évoquée sur un mode générique par Jean Lévesque et Rose-Anna, trouve son illustration concrète dans le parcours de la famille Lacasse :

> [Rose-Anna] pressentait le printemps à d'autres signes, et un peu en ennemie. Le printemps ! Qu'est-ce qu'il avait signifié pour elle ? Dans sa vie de femme mariée, deux événements s'associaient toujours au printemps ; elle était enceinte et, dans cet état, il lui fallait se mettre sur le chemin pour trouver un logis. Tous les printemps, ils déménageaient.
>
> Dans les premières années, pour mieux se loger. Oui, autrefois, Azarius et elle aussi se fatiguaient de leur petit logement. Dès la fin de l'hiver, ils se mettaient à désirer quelque chose de plus frais, de plus clair, de plus grand, car la famille augmentait. Azarius surtout était pris d'une véritable folie. Il parlait d'avoir une maison avec un jardinet où il planterait des choux et des carottes. Et elle, qui venait de la campagne, était tout émue, toute joyeuse, à l'idée de voir pousser des légumes sous ses fenêtres. Mais c'était toujours des cheminées d'usine ou des masures entassées qui s'élevaient devant ses fenêtres.
>
> Plus tard, quand Florentine et Eugène eurent l'âge d'aller à l'école, déjà ils ne déménageaient plus de leur propre gré, mais parce qu'ils ne payaient pas régulièrement le propriétaire, et qu'il fallait bien trouver un logis moins coûteux, tandis que le prix des loyers montait et que les maisons habitables devenaient de plus en plus rares. Autrefois, quand elle se mettait en route pour chercher un logement, elle avait une idée claire, nette. Elle voulait une véranda, une cour pour les enfants, un salon. Et Azarius l'encourageait : « Tout ce qu'il y a de mieux, Rose-Anna. Prends tout ce qu'il y a de mieux ».
>
> Ses démarches se limitaient depuis longtemps déjà à trouver un logis, n'importe lequel. Des murs, un plafond, un plancher ; elle ne cherchait qu'un abri.

Elle s'arrêta à une réflexion amère ; plus la famille avait été nombreuse, plus leur logement était devenu étroit et sombre. (*BO*, 95-96)

Ainsi, dans le meilleur des cas, ce déménagement printanier résulte d'une volonté délibérée de la part des locataires, désireux de trouver un logement plus confortable ; mais la plupart du temps, il leur est imposé par les contraintes économiques.

À ce stade du roman, l'irrésistible descente / déchéance de la famille Lacasse n'est pas encore achevée : elle les mènera tout contre les rails du chemin de fer :

S'appuyant à la fenêtre, [Azarius] surveilla le peu d'horizon que l'on pouvait apercevoir par la vitre crasseuse et, comme un train passait, il dut crier très haut :

– C'est une belle journée, sais-tu. Du soleil en masse ! Avant, ils vivaient dans le halètement continu des trains encore qu'ils fussent assez éloignés du chemin de fer qui passait là-haut, au-delà du remblai fermant la petite rue Beaudouin. Mais maintenant, ils étaient collés au flanc même du lacis de rails qui s'épand au sortir de la gare de Saint-Henri. Il n'y avait plus de repos possible. Le Transcontinental, les trains d'Ottawa et de Toronto, et ceux de la banlieue passaient devant leur porte. Puis, c'étaient les wagons de marchandises, de lourds, d'interminables convois de vivres, ou bien de longues files de wagons de charbon. Quelquefois, les trains s'arrêtaient, reculaient, avançaient et, pendant quelque temps, ce n'était autour de la maison que sonnerie intermittente mêlée aux heurts des tampons, aux sifflements, aux vagues de fumée. D'autres fois, la locomotive dévalait en sifflant, à grande vitesse, et la maison était prise d'une longue secousse. Les vitres vibraient, des objets qui étaient retenus aux cloisons ou emprisonnés dans les tiroirs se mettaient à trembler violemment. Pour être entendu au-dessus du vacarme, il fallait élever la voix jusqu'au ton criard de la dispute et, se parlant ainsi, très haut, très fort, les êtres en arrivaient à se regarder avec étonnement et une espèce de sourde animosité. Puis, quand le train hurleur avait fui et que le logis avec des craquements sonores se remettait lentement, il leur semblait que le soleil était tombé, qu'une autre journée maussade se levait par delà les vitres opaques de poussière. (*BO*, 347-348)

Nous rejoignons ici le dernier chronotope qui nous retiendra dans cette analyse : celui du chemin de fer, dont l'importance est indéniable, vu le contexte cerné par l'ouvrage. Capital dans le processus d'industrialisation que connaît le Québec depuis la seconde moitié du XIXe siècle, il verra son rôle accru encore par l'accélération soudaine du processus qu'entraîne l'entrée en guerre du Canada : désormais, outre ses fonctions précédentes, il se voit affecté au transport des troupes et du matériel militaire. Qui plus est, il est étroitement lié à la vie des principaux personnages.

Symbole de rêve et d'évasion pour Jean Lévesque (*BO*, 34 et 38), il scande véritablement l'existence des Lacasse, il en jalonne les principales étapes. De leur domicile de la rue Beaudouin à leur tout dernier logement, ils s'en rapprochent au fil du roman jusqu'à jouxter presque les rails dans les dernières pages : la descente progressive de la famille vers la voie ferrée correspondrait ainsi à l'échelonnement des différentes classes sociales de Westmount à la dompe.

Dans la précipitation finale des événements, c'est encore le chemin de fer qui donne le rythme : qu'il s'agisse du mariage de Florentine et d'Emmanuel (*BO*, 347-348), de l'accouchement de Rose-Anna (*BO*, 362), ou de la découverte de l'engagement d'Azarius (*BO*, 368-375) qui marque pour Rose-Anna l'ultime étape (après la mort du petit Daniel, le départ d'Eugène et celui de Florentine) dans l'éclatement définitif de la cellule familiale.

Enfin, le convoi qui emporte Emmanuel dans les toutes dernières lignes passe, comme il se doit, à proximité de la maison des Lacasse et effectue une traversée hautement symbolique du quartier Saint-Henri (*BO*, 385-386) – l'évocation du train franchissant la place Saint-Henri, sur quoi s'achève l'ouvrage, renvoie immanquablement le lecteur à la description de cette même place coupée en deux par le passage d'un train dans les premières pages du roman (*BO*, 37).

Dans l'examen de ce chronotope, la scène finale de la gare Bonaventure apparaît comme essentielle à plus d'un titre.

Elle voit converger et communier dans une même atmosphère de fête (« le salut par la guerre » que ne manquera pas de relever Emmanuel) ceux qui trouvaient jusqu'alors en la taverne un lieu de refuge et de discussions, même si au départ, en raison des lieux qu'ils fréquentaient, vu leur âge et/ou leur condition – certains semblaient ne jamais devoir se rencontrer, tels Pitou et Azarius notamment. Ainsi le chronotope de la gare tend à gommer la hiérarchie décelée auparavant au sein des trois établissements-clef du roman : il mêle indifféremment Florentine, serveuse au *Quinze-Cents*, le patron et les habitués des *Deux Records*, de même que les protégés d'Emma Philibert.

On relèvera pourtant deux absences significatives : celles des planqués de l'arrière, Léon Boisvert et Jean Lévesque. On sera néanmoins sensible au fait que Jean, symboliquement, est présent dans ce tableau final (*BO*, 382-383), mais qu'il reste à l'extérieur de la gare. Ici encore, le jeu de miroir avec Emmanuel mérite d'être souligné.

La question de la réception

Cet examen des chronotopes nous aura permis de mieux appréhender la technique d'écriture de Gabrielle Roy ; mais en outre, il éclaire en retour certaines données relatives à la réception de *Bonheur d'occasion*.

Des pages qui précèdent, il ressort en effet que deux lectures sont en réalité indexées par l'ouvrage. La plus immédiate pourrait être qualifiée d'héroïsante et d'individualisante ; elle est centrée sur l'intrigue et les personnages, et n'a pas manqué d'être faite dès les premiers temps de la parution du roman, comme le montre notamment la critique. Ainsi le premier extrait du *Devoir* intégré à l'édition Stanké, daté du 15 septembre 1945, voit en Jean Lévesque et Florentine Lacasse les personnages principaux, Saint-Henri n'étant que le décor, « la scène où évoluent [les] personnages » (*BO*, 389).

Mais on peut tout aussi bien inverser la perspective et mettre Saint-Henri au premier plan. Dans cette optique, la différence de ton entre le premier extrait du *Devoir* susmentionné et le second, daté du 20 décembre 1947, est particulièrement intéressante. Sous cet éclairage, Saint-Henri devient le protagoniste essentiel et son destin est appréhendé collectivement à travers différents personnages. L'identification du lecteur se voit facilitée par leur diversité même ; mais aussi parce qu'ils ont valeur de types. Elle est soigneusement ménagée aussi par le recours à des thèmes d'une actualité criante à l'époque, centrés qu'ils sont sur les difficultés éprouvées par la population ouvrière à (sur)vivre en ville, en période de crise. Elle trouve enfin un adjuvant précieux dans quelques chronotopes particulièrement bien exploités.

Les personnages se trouvent de fait au centre d'une constellation de chronotopes soigneusement choisis en fonction du contexte cerné par le roman, à savoir la crise des années 1930 et le dénouement qu'y apporte l'entrée en guerre du Canada.

Ce roman de la classe ouvrière est avant tout celui de l'instabilité économique et sociale. Entraînée déjà par le processus d'industrialisation rapide qu'a connu le Québec et qui est venu ébranler un monde jusqu'alors essentiellement rural, accrue encore par la crise et le chômage des années 1930, cette instabilité culminera avec l'entrée en guerre du Canada. Si celle-ci apporte une « solution » à la crise économique, elle correspond en fait, pour plus d'un foyer québécois, à l'éclatement de la cellule familiale : pour assurer la survie des siens, le père/le mari/le frère (Azarius, Emmanuel – Eugène assure avant tout sa propre survie) est obligé de s'enrôler.

Or le réseau chronotopique dans lequel se meuvent les personnages est tout sauf innocent : qu'il s'agisse de la taverne, du chemin de fer ou de la gare, tous ces chronotopes sont en soi emblématiques tout à la fois du processus d'industrialisation, de la crise et d'une économie de guerre.

Le rôle du chemin de fer, d'ailleurs, est en quelque sorte souligné dans le tableau : apparaissant dans les premières pages ou clôturant le roman, le train effectue un même parcours, coupant en deux la place Saint-Henri. La symbolique est pour le moins claire : à son passage, la vie s'arrête à Saint-Henri ; toute activité lui est subordonnée, en temps de paix, comme en temps de guerre. Roman de la classe ouvrière sans doute, mais surtout roman de la précarité de cette classe.

Cette précarité et cette instabilité trouveront un bien maigre exutoire dans la taverne, elle aussi indéfectiblement liée à la classe ouvrière : que l'on songe aux romans de Zola, notamment.

Il est frappant de constater qu'au sein de ces différentes mailles chronotopiques, les personnages ne disposent d'aucune autonomie : la famille Lacasse, par exemple, est perpétuellement en porte-à-faux dans l'échelle chronotopique, tiraillée entre l'échelon supérieur et l'inférieur. Ceci se vérifie aussi bien dans la hiérarchie décelée parmi les établissements que dans celle des différents quartiers montréalais. Amenés à côtoyer le *Quinze-Cents*, les Lacasse ne parviendront guère à s'y intégrer : Florentine n'y est jamais qu'une serveuse (non une cliente, à la différence de Jean ou Emmanuel) ; sa mère y fera un bref passage, mais en intruse ; son père n'y viendra jamais. De même, dans la hiérarchie des quartiers, Rose-Anna fera une incursion dans le quartier Mont-Royal, mais pour rendre visite à son fils à l'hôpital : ici encore, elle se sentira en terre étrangère.

Ainsi, il semblerait plus exact de dire que les personnages sont comme emprisonnés dans ce vaste filet de chronotopes typiques d'une société industrielle en crise, puis en guerre. Et qu'est, en définitive, Saint-Henri sinon un microcosme de cette société précisément ? Saint-Henri serait donc bel et bien le principal protagoniste, appréhendé qu'il est par le biais de divers chronotopes enserrant étroitement quelques personnages-types, emblématiques de la classe ouvrière qui l'habite.

De la sorte, s'appuyant sur un narrateur omniscient, l'auteure met en place une réelle stratégie romanesque qui transparaît dans les jeux sur la modalisation, la sélection d'adjectifs et de substantifs modulant de véritables constellations connotatives, de discrets changements de plans qui font passer insensiblement du discours du personnage à celui du narrateur, ou même certaines intrusions plus franches, voire des apostrophes directes au lecteur, et surtout dans le traitement très particulier réservé aux personnages et même aux lieux, qui servent incontestablement la démonstration.

Il est intéressant de mettre cette technique d'écriture en relation avec la fortune qu'ont connue les premiers romans de Gabrielle Roy, ainsi qu'avec l'orientation ultérieure de son écriture.

L'accueil favorable réservé à *Bonheur d'occasion* s'explique en grande partie par l'aspect thématique de l'œuvre. Il tient, on le sait, au caractère doublement novateur de l'ouvrage : à la fois roman urbain et roman de la classe ouvrière. Mais il est dû aussi, et pour une part non négligeable, à l'élection d'un moment privilégié : la fin de la crise et l'entrée en guerre du Canada, soit un contexte proche dans le temps et dans les esprits avec juste ce qu'il faut de distanciation pour amortir le choc auprès de ceux qui en furent affectés le plus directement. Même assourdis, les échos réservés dans le roman aux problèmes quotidiens vécus peu de temps auparavant par la population de Saint-Henri sont encore susceptibles de résonner en plus d'un, tels le problème du chômage, la question du travail des femmes, le thème des maternités multiples et ses corollaires inévitables : aggravation des problèmes économiques de départ, vieillissement précoce de la mère et faiblesse de constitution des enfants.

Pourtant, malgré cette entrée royale en littérature, le roman suivant : *La petite poule d'eau* va susciter un certain étonnement et même une relative déception dans le public, qui n'y retrouve plus le ton, l'univers et plus, généralement, la « griffe » de *Bonheur d'occasion*. Le troisième roman : *Alexandre Chenevert* viendra quelque peu corriger cette impression, en permettant de dégager – mais généralement par-dessus le deuxième roman – certaines constantes thématiques et d'écriture ; il n'atteindra pourtant jamais le succès de *Bonheur d'occasion*, considéré comme le chef-d'œuvre de Gabrielle Roy.

À techniques sensiblement semblables, *Alexandre Chenevert* ne bénéficiait plus de « l'effet pionnier ». Bien sûr, Gabrielle Roy y poursuit la même dénonciation du tragique quotidien ; mais le problème de la guerre froide, la campagne de non-violence de Ghandi, la reconnaissance de l'État d'Israël apparaissent comme beaucoup plus lointains que l'engagement de fils, de frères ou de maris dans les combats de la Seconde Guerre mondiale. Les thèmes, mais aussi les procédés, mis en œuvre dans *Bonheur d'occasion* avaient du moins le mérite de la nouveauté ; reconduits, ils risquent à la longue de s'épuiser ; ce qui explique la réception mitigée d'*Alexandre Chenevert* et celle, encore plus fraîche, réservée à *La montagne secrète*, perçu par d'aucuns comme un roman raté.

La seconde veine, la veine homodiégétique, inaugurée tout de suite après *Bonheur d'occasion*, avec *La petite poule d'eau*, offrira à Gabrielle Roy une heureuse alternative : elle pourra y aborder des sujets qui l'ont touchée directement, y évoquer des êtres qu'elle a personnellement côtoyés : mais en outre, sa subjectivité peut s'y afficher sans précautions oratoires. Ainsi, ce renouvellement opéré au plan de l'écriture évite à l'œuvre d'aboutir à une impasse, en même temps qu'il dégage son auteure de l'image de marque quelque peu encombrante de *Bonheur d'occasion*.

CHAPITRE II

Hubert Aquin
Prochain épisode (1965)

De la Grande noirceur à la Révolution tranquille

1944 a vu la victoire de l'Union nationale de Maurice Duplessis. Ce dernier met en place un régime nationaliste, autoritaire, antisyndical et conservateur à tout point de vue : social, religieux, philosophique et culturel. Ces années de conservatisme absolu sont passées à l'Histoire sous le nom de « Grande noirceur » et ont trouvé un écho dans diverses œuvres littéraires. Ainsi, en 1953, André Langevin, dans *Poussière sur la ville*, décrit la mise en veilleuse des êtres dans une petite ville minière vivant de l'exploitation de l'amiante et y dénonce le rôle du pouvoir religieux. Un constat tout aussi pessimiste est dressé dans *Le libraire*, publié par Gérard Bessette en 1960, soit à un tournant dans l'histoire du Québec, puisque cette date marque la fin de l'ère duplessiste (mort de Duplessis en 1959, suivie un an plus tard de la chute de l'Union nationale) et le début de la Révolution tranquille.

Le 22 juin 1960 consacre la victoire électorale des libéraux, menés par l'avocat Jean Lesage. Leur slogan « C'est le temps que ça change » traduit leur volonté de moderniser le Québec et inaugure une période de changements radicaux, immortalisée sous le nom de « Révolution tranquille ».

De fait, à partir de 1956, on assiste à un ralentissement et même une certaine stagnation de l'économie québécoise, qui s'explique par différents facteurs : d'une part, la reconstruction en Europe est terminée, les pays européens redeviennent dès lors concurrentiels ; d'autre part, la concurrence se fait également sentir du côté des pays du Tiers-Monde. À cela s'ajoute un accroissement du chômage, tandis que la défection des agriculteurs se poursuit, que les équipements commencent à vieillir et que, économiquement, les inégalités entre anglophones et francophones se font de plus en plus pesantes : non seulement les postes de commande sont aux mains des anglophones, mais les francophones sont en outre pénalisés par des revenus inférieurs.

Polyptyque québécois

La nouvelle équipe veut renforcer le pouvoir de l'État car elle estime que l'entreprise privée ne peut suffire à la tâche : elle met sur pied un Ministère de l'Éducation, qui a pour objectif de réorganiser et de démocratiser le système scolaire québécois ; elle procède à la nationalisation de onze compagnies d'électricité privées et les intègre dans le réseau public de l'Hydro-Québec ; elle réaménage la fonction publique. On assiste également à une laïcisation (*i.e.* une sécularisation) de la société, qui se traduit par le passage de membres du clergé et des ordres religieux à l'état laïc, ainsi que par le retrait de l'Église de la vie temporelle ; dans le même temps, se multiplient de nouveaux groupes de pression : des associations d'étudiants font leur apparition, tandis que les syndicats jouent un rôle croissant, non seulement en raison d'une combativité accrue (d'autant que la peur du communisme tend à s'estomper), mais aussi du fait de l'augmentation de leurs effectifs. On observe une participation croissante des femmes à la vie économique et politique : ce qu'atteste notamment la participation d'une femme au cabinet provincial pendant le ministère de Jean Lesage et la présence d'une femme ministre dans le gouvernement Trudeau. On voit se multiplier des mouvements et groupements de toutes tendances, entre autres la gauche, longtemps muselée. Mais surtout le pays connaît une efflorescence des mouvements nationalistes, qui tient à différents facteurs : premièrement le bilinguisme et le biculturalisme inhérents au Canada ; ensuite la proximité du grand voisin américain qui se conjugue à la permanence des racines françaises ; enfin, le fait que la Révolution tranquille remet en question les valeurs traditionnelles, parmi lesquelles la religion, le nationalisme catholique et conservateur n'apparaît plus dès lors comme la seule voie.

La diversité de ces mouvements nationalistes s'explique par la diversité de la pensée sociale de ces mouvements et par la priorité que l'on veut accorder tantôt aux réformes d'ordre social, tantôt aux intérêts nationaux. Vont ainsi coexister différents mouvements et groupuscules de tendances et de longévité variables : l'Alliance laurentienne, mise en place à la fin des années 1950, vise à établir au Québec un État indépendant, catholique et français. Aux antipodes se trouve l'Action socialiste pour l'indépendance du Québec, fondée en 1960 par une trentaine d'intellectuels ; il s'agit d'un mouvement nationaliste de gauche, issu du constat que les Canadiens-Français sont un peuple presque entièrement prolétarisé, dominé de surcroît par une grande bourgeoisie colonialiste de langue et de culture étrangères. En 1963, d'autres intellectuels fondent la revue *Parti pris*, qui a pour objectif de défendre l'indépendance, le socialisme et le laïcisme. Le mouvement le plus connu est sans doute le Front de libération du Québec (FLQ), qui choisit la voie clandestine et révolutionnaire et estime que l'indépendance du Québec ne peut venir que de la révolution sociale ; il veut conscientiser les Québécois par une série d'actions spectaculaires dirigées contre l'establishment et les symboles coloniaux : ses militants posent des bombes dans les boîtes aux lettres d'un quartier anglophone de Montréal, de maisons privées ou d'édifices publics ; ils commettent des vols à main armée dans des banques, ainsi que des vols de dynamite ; mais surtout, en octobre 1970, ils enlèvent James Richard Cross, attaché commercial anglais à Montréal, puis enlèvent et assassinent Pierre Laporte, ministre québécois du travail dans le gouvernement Bourassa ; tous ces événements provoqueront la Crise d'octobre 1970. Fondé en 1960, le Rassemblement pour l'indépendance nationale (RIN) est un mouvement de centre-gauche ; mais il effraie par les prises de position jugées trop radicales de certains de ses leaders et est affaibli par des divisions internes : en 1964, notamment, des dissidents du RIN fondent le Regroupement national, qui deviendra le Ralliement national (RN), à la suite d'alliances. À l'automne 1967, René Lévesque fonde le Mouvement souveraineté-association (MSA), qui prône la souveraineté politique du Québec et une association économique avec le Canada ; la figure de René Lévesque est auréolée du prestige de l'homme de media : journaliste à Radio-Canada, il est une véritable vedette de la télévision, il est en outre ex-ministre dans le cabinet de Jean Lesage et bénéficie des retombées de la visite du général de Gaulle à l'été 1967 où, du balcon de l'Hôtel de Ville de Montréal, il avait lancé son fameux « Vive le Québec libre ! ». De la fusion entre le Ralliement national et le Mouvement souveraineté-association naîtra, en octobre 1968, le Parti québécois (PQ), qui rassemble rapidement la majorité des indépendantistes du Québec, dès lors qu'il unit thème de l'indépendance et questions économiques et sociales, dans un programme réformiste dont l'idéologie est proche de celle des artisans de la Révolution tranquille – plusieurs d'entre eux se retrouvent d'ailleurs au sein du parti – et dans lequel est notamment mise en exergue l'idée du rôle important de l'État dans un Québec indépendant. Les deux versants du programme sont indissociables l'un de l'autre : dans sa propagande, le PQ pose clairement l'exigence que tout électeur votant pour le PQ, même si au départ il le fait en considération du programme économique ou social, doit accepter au moins tacitement l'idée de l'indépendance politique du Québec. Désormais, alors qu'auparavant le groupe nationaliste réunissait essentiellement des intellectuels de la classe moyenne, le PQ va élargir sa base à d'autres milieux, entre autres les syndicats. Tous ces groupes et mouvements représentent la voie nationaliste, *i.e.* indépendantiste.

Mais à côté d'elle existe aussi une voie fédéraliste, prêchée par le parti libéral depuis 1970, ainsi que par l'Union nationale. Ses partisans se montrent soucieux de réaliser leurs objectifs dans le cadre constitutionnel existant et considèrent que le séparatisme risque de compromettre tant le sort matériel du Québec que, à la longue, ses intérêts culturels.

On assiste bientôt à un durcissement du climat, non seulement en raison de la crise d'octobre 1970, mais aussi sous la pression du mouvement syndical et étudiant. La population a dès lors besoin d'être rassurée, ce qui explique la victoire des libéraux : après leur succès d'avril 1970, ils sont réélus aux élections de 1973. Il faudra attendre le 15 novembre 1976 pour voir la victoire du PQ (Hamelin, 1976 : 487-504).

Bio-bibliographie

Hubert Aquin est né à Montréal en 1929. Après des études de philosophie à l'Université de Montréal, il étudie trois ans à Paris, à l'Institut d'Études politiques. Il travaille ensuite à Radio-Canada, puis à l'Office national du Film. En 1961, il se joint au Rassemblement pour l'indépendance nationale, dont il devient vice-président pour la section de Montréal, en 1963. Le 18 juin 1964, il entre dans la clandestinité ; le 5 juillet, il est arrêté pour port d'armes et incarcéré à la prison de Montréal, puis quelques mois dans un institut psychiatrique – un contexte que l'on trouve répercuté dans *Prochain épisode*. En 1969, il est nommé professeur à l'UQAM (Université du Québec à Montréal : le réseau des Universités du Québec est à l'époque une création toute récente, destinée à rencontrer les revendications tant de la Révolution tranquille que des mouvements contestataires de 1968) ; il sera directeur du Département d'Études littéraires pendant un an. Il collabore à plusieurs revues, notamment *Voix et images* et *Liberté*, dont il devient directeur en 1961. Il voit sa carrière littéraire couronnée par de nombreux prix importants dont, en 1969, le Prix du Gouverneur général, qu'il refuse. Il se suicide le 15 mars 1977.

Sa production créatrice est aussi féconde que diversifiée : plusieurs romans, dont *Prochain épisode* (1965), *Trou de mémoire* (1968), *L'antiphonaire* (1969), *Neige noire* (1974) ; deux recueils d'articles, de nouvelles et de conférences : *Point de fuite* (1971) et *Blocs erratiques* (1948-1977) ; des pièces de théâtre ; des films, notamment *À Saint-Henri le 5 septembre* ; à quoi s'ajoutent émissions de radio, débats, discours et conférences.

Prochain épisode[1] ou le retard en prose

Tenter de résumer le roman d'Hubert Aquin relève de la gageure : on ne parviendrait qu'à en livrer un aperçu tout à fait simplifié, voire simpliste, inapte à rendre compte de sa complexité profonde.

La narration s'articule, en effet, sur trois niveaux : le présent du *je*, narrateur-scripteur enfermé dans une institution psychiatrique, le passé de ce *je* et ses amours (l'un et l'autre de ces niveaux relèveraient du « réel »), enfin le présent fictif du roman d'espionnage (une fiction dans la fiction en quelque sorte). Tous trois ne cessent d'interférer, de se parasiter, entraînant des ruptures, voire la dissolution de l'intrigue d'espionnage, en raison principalement de l'intrusion intempestive du *je* narrateur-scripteur :

> tandis que je m'introduis [...] dans un roman qui s'écrit à Lausanne (*PÉ*, 19)
>
> en me cachant dans ce bois voisin du Château de Coppet et dans le texte qui me ramène en Suisse (*PÉ*, 76)
>
> J'ignore [...] ce qui adviendra de mes personnages qui m'attendent dans le bois de Coppet. (*PÉ*, 96)

Mais plus significative à cet égard est sans conteste la fin du roman :

> Non, je ne finirai pas ce livre inédit : le dernier chapitre manque qui ne me laissera même pas le temps de l'écrire quand il surviendra. Ce jour-là, je n'aurai pas à prendre les minutes du temps perdu. Les pages s'écriront d'elles-mêmes à la mitraillette : les mots siffleront au-dessus de nos têtes, les phrases se fracasseront dans l'air...
>
> Quand les combats seront terminés, la révolution continuera de s'opérer ; alors seulement, je trouverai peut-être le temps de mettre un point final à ce livre et de tuer H. de Heutz une fois pour toutes. L'événement se déroulera comme je l'avais prévu. H. de Heutz reviendra au château funèbre où j'ai perdu ma jeunesse. Mais, cette fois, je serai bien préparé à sa résurgence. Je ferai le guet accoudé au larmier. Lorsque la 300 SL, gris fer à indicatif du canton de Zurich fera son apparition, elle me frappera comme une évidence et me conditionnera à l'action. D'abord je franchirai, sur la pointe des pieds, la distance entre le jour et la crédence Henri II, tout en dégageant le cran d'arrêt du revolver. Et aussitôt que j'aurai perçu le mouvement du pêne dans la serrure, H. de Heutz entrera en scène et se placera, sans le savoir, en plein dans ma mire. Je l'abattrai avant même qu'il atteigne le téléphone ; il mourra dans l'intuition fulgurante de son empiègement. Je me pencherai sur son cadavre pour savoir l'heure exacte à sa montre-bracelet et apprendre, du coup, qu'il me reste assez de temps pour me rendre d'Echandens à Ouchy.

---

[1] Aquin H., *Prochain épisode*, Ottawa, Le Cercle du Livre de France, 1965. Dorénavant, pour les citations, on utilisera l'abréviation *PÉ*, suivie de la référence de page entre parenthèses.

Voilà comment j'arriverai à ma conclusion. Oui, je sortirai vainqueur de mon intrigue, tuant H. de Heutz avec placidité pour me précipiter vers toi, mon amour, et clore mon récit par une apothéose. Tout finira dans la splendeur secrète de ton ventre peuplé d'Alpes muqueuses et de neiges éternelles. Oui, voilà le dénouement de l'histoire : puisque tout a une fin, j'irai retrouver la femme qui m'attend toujours à la terrasse de l'hôtel d'Angleterre. C'est ce que je dirai dans la dernière phrase du roman. Et, quelques lignes plus bas, j'inscrirai en lettres majuscules le mot :

FIN.   (PÉ, 172-174)

Toutefois, au milieu de ce désordre apparent, certains facteurs de cohésion et de cohérence sont perceptibles. Ainsi une structuration ternaire se dessine : décelable déjà dans les trois niveaux narratifs précédemment évoqués – le passé « réel » du *je*, son présent « réel », le présent de la fiction dans la fiction – elle se retrouve dans la trinité des personnages principaux – *je* ; K, la femme blonde, tantôt aimée du *je*, tantôt complice de de Heutz ; et ce dernier personnage, lui-même à triple identité : de Heute-de Heutz, von Ryndt, de Saugy – enfin elle trouve un prolongement dans les trois villes qui balisent le récit – Lausanne, Genève, Montréal.

Une structuration binaire est également sous-jacente : le *je* n'évoque-t-il pas « la mécanique ondulatoire de ce que j'écris : alternance maniaque de noyades et de remontées » (*PÉ*, 93-94), qui embraye à son tour sur le thème de la plongée dans le lac Léman, récurrent dans le récit :

> Coincé dans ma sphère close, je descends, comprimé, au fond du lac Léman et je ne parviens pas à me situer en dehors de la thématique fluante qui constitue le fil de l'intrigue. Je me suis enfermé dans un système constellaire qui m'emprisonne sur un plan strictement littéraire, à tel point d'ailleurs que cette séquestration stylistique me paraît confirmer la validité de la symbolique que j'ai utilisée dès le début : la plongée. (*PÉ*, 22)

Il est lui-même vecteur double : tout à la fois du thème de la dépression, qu'il s'agisse de celle de K (*PÉ*, 40), ou de celles, feintes et symétriques, du *je* et de de Heutz ; ou encore, par le biais de l'association classique, lac = miroir, du thème du dédoublement, fil rouge de la narration (cf., parmi bien d'autres, p. 16 et ses variantes : p. 19 *duplicité*, p. 40 de Heutz *le double* de von Ryndt).

Comment dès lors entrer dans ce récit, sans se perdre dans les méandres d'une narration volontairement tentaculaire ?

Incontestablement, le jeu en vaut la chandelle car *Prochain épisode* incarne à bien des égards l'écriture de la modernité. Le récit, la *fabula*, objet du roman traditionnel, est ici écrit, en même temps que difracté : on vient de le signaler, l'intrigue elle-même bifurque, se dédouble ; les personnages se mêlent ; etc. Mais le titre déjà est tout un programme :

Prochain épisode, il y a là une contradiction, dès lors que l'adjectif désigne ce qui est à venir, à faire ; le livre tend ainsi à se détruire en se réalisant ; le titre ne réfère pas à un tout achevé, mais constitue un renvoi explicite à quelque chose qui suit et, de fait, le roman s'achève sur l'annonce d'un roman à venir, plus exactement de la réécriture de son dénouement dans un sens positif : élimination de l'agent ennemi et retrouvailles avec la femme aimée. Le titre comme les dernières pages donc ont l'allure d'une remise à plus tard, ce qui correspond étroitement à la situation du *je* narrateur-scripteur, révolutionnaire raté, contraint de s'évader dans l'imaginaire, de faire une révolution en rêve.

Je parlerais volontiers ici de *retard romanesque* ou de *retard en prose*, comme j'ai pu le faire à propos de Jean Rouaud (Frédéric, 2001), par référence au parcours créateur de Marcel Duchamp : celui-ci baptisait son *Grand Verre* (*La mariée mise à nu par ses célibataires, même*) « Retard en verre ». Après avoir effectué son « tour du monde de la peinture », il y voyait :

> [...] un moyen d'arriver à ne plus considérer que la chose en question est un tableau – en faire un retard dans tout le général possible, pas tant dans les différents sens dans lesquels retard peut être pris, mais plutôt dans leur réunion indécise. « Retard » – un retard en verre, comme on dirait un poème en prose ou un crachoir en argent. (Duchamp, 1994 : 41)

Un tel concept me paraît, en effet, susceptible de rendre compte tout à la fois du titre choisi par Aquin, mais aussi des diverses manœuvres de difractions romanesques auxquelles il se livre – autant de ressources qui laissent entendre que le sujet réel, le plus important en définitive, est bien le roman qui se fait. L'écrivain Hubert Aquin met au premier plan de son roman un personnage écrivain qui lui-même devient personnage du roman qu'il écrit. La fabrication est ainsi mise en scène. On touche précisément ici l'essence même de la rénovation du roman québécois des années 1960.

Très souvent, narration et intrigue s'entremêlent, comme dans la scène où le *je* se voit menacé par de Heutz :

> En ce moment même, je n'arrive pas à souffler à mon double les quelques phrases d'occasion qui le sortiraient du pétrin. (*PÉ*, 58)

En un autre passage encore, récapitulant les erreurs qu'il a commises en tant que protagoniste, il arrive à la conclusion suivante :

> Cela ne fait aucun doute : j'ai perdu l'initiative à ce moment et, dès lors, le temps que j'avais gagné auparavant a commencé de se tourner contre moi. Les coordonnées de l'intrigue se sont emmêlées. J'ai perdu le fil de mon histoire, et me voici rendu au milieu d'un chapitre que je ne sais plus comment finir. (*PÉ*, 142)

Par ailleurs, le *je* n'hésite pas à parler du *style* d'une action, de *l'écriture* d'un paysage de montagne.

Le début du roman paraît exemplaire à cet égard, dès lors qu'il démonte explicitement les mécanismes du roman d'espionnage (*PÉ*, 7-10). Françoise Maccabée-Iqbal explique comme suit le choix de ce modèle, dans le chef d'un révolutionnaire d'action, de terrain, transformé, du fait de son emprisonnement, en écrivain de la révolution (Maccabée-Iqbal, 1978 : 1) :

> Condamné à une immobilité forcée et frustrante par suite de son emprisonnement, dans une clinique de Montréal, pour activités terroristes, le narrateur désire écrire un roman d'espionnage. L'action se déroulerait à Lausanne et le héros, un certain Hamidou Diop, serait condamné par compensation à une immobilité incessante. (*Ibid.* : 12)

De la sorte, la démarche d'Aquin rejoint partiellement celle du Nouveau Roman : s'installant à l'intérieur d'un genre pour le déconstruire, il opte de surcroît pour un genre où abondent les poncifs littéraires. De fait, outre le démontage explicite, voire affiché du début, tous les ingrédients y sont : poursuites en voiture, chasse à l'homme où poursuivant et poursuivi permutent artificiellement, agent double (de Heutz et sa façade d'historien – de Saugy et sa façade de fondé de pouvoir), traître (K ?), suspense (entre autres quand le narrateur attend le retour de de Heutz dans son Château d'Echandens), démantèlement d'un réseau terroriste et arrestation du *je* lors de son retour à Montréal ; sans compter les références à Simenon, maître du genre policier : le Château d'Echandens n'a-t-il pas été l'un de ses lieux de résidence et de Saugy n'est-il pas originaire de Liège, tout comme Simenon ?

Aquin détruit également la notion d'intrigue, et ce dès le titre, qui est, on l'a vu, comme la négation même de toute possibilité d'une histoire racontée (elle demeure à l'état potentiel). Il manifeste en outre une indifférence complète vis-à-vis de la notion de cohérence, ce qui se traduit notamment par le fait que le personnage central, Hamidou Diop, va disparaître totalement au profit du *je*. Les jeux de symétrie opèrent quant à eux des retournements arbitraires de l'intrigue ; ainsi le mensonge servi par le *je* à de Heutz au Château d'Echandens est identique à celui que lui ressert de Heutz au Château de Coppet ; le rendez-vous fixé à 6h30 à la terrasse de l'hôtel d'Angleterre implique d'abord *je* et K, ensuite de Heutz et la femme blonde ; le billet bleu est successivement un cryptogramme d'Hamidou adressé au *je* et découvert par de Heutz, puis un message de K à *je*. Enfin, l'ensemble culmine sur une fin ouverte, qui offre la possibilité de réécrire le roman de fond en comble.

L'auteur s'attaque ensuite à la notion de personnage : le héros-narrateur n'a pas de nom ; la femme blonde est désignée par une simple initiale : K, susceptible de convoquer aussi bien Kafka que Buzzati ; F. Maccabée-Iqbal y voit aussi la femme-pays (Maccabée-Iqbal, 1978 : 49) (K premier et dernier phonème de la prononciation phonétique de Québec) ; un seul personnage à triple identité jouit d'un triple patronyme : de Heutz-von Ryndt-de Saugy. De la sorte, ou les personnages n'ont pas de nom ou ils en ont trop ; ce qui nous ramène en définitive à une identité éclatée, comme l'étaient déjà le lieu et l'intrigue.

Une autre ressource susceptible de mettre en lumière l'artificialité de la construction romanesque est la technique de la mise en abyme. Celle-ci se manifeste dans la description de l'ex-libris de de Heutz (*PÉ*, 130-131), jalonnée par des expressions qui semblent tout sauf innocentes : *nœud gordien, spirales, boucles* rappellent l'évocation des boucles effectuées par le *je* lors de son trajet en voiture (*PÉ*, 45-48), ce dernier faisant à son tour l'objet d'un parallélisme appuyé avec la notion d'écriture. L'initiale de phrase « Plus je plonge » ramène immanquablement au thème de la plongée et de la remontée, présent dès l'incipit et récurrent dans le roman. Enfin, des termes comme *agglomérat, surimposées, agencements, pieuvre emmêlée, confusion, articulations*, renvoient à l'enchevêtrement des trois niveaux : passé du *je*, présent du *je* incarcéré, présent de la fiction créée par le *je*.

De même, les guerriers ornant la commode de de Heutz sont explicitement mis en relation avec *je* et de Heutz.

On assiste par conséquent à un continuel jeu de miroir, à un retour du texte sur lui-même – un texte qui montre en permanence son caractère construit – amenant de la sorte le constat que, en définitive, le plus important n'est pas la mésaventure du *je*, pas plus que le roman d'espionnage, mais que le roman qui se fait, le thème de l'écriture prime sur la fiction elle-même. Comme l'observe René Lapierre, écrire est bien l'acte véritable ; il habite le récit entier ; il se projette en lui au point de parasiter l'histoire, la *fabula* elle-même (Lapierre, 1981 : 34ss.). Ceci ressort clairement des interférences constantes entre les différents niveaux : celui de l'écriture et celui de la fiction.

Ainsi, dans la scène où le *je* est tenu en joue par de Heutz :

> En ce moment même, je n'arrive pas à souffler à mon double les quelques phrases d'occasion qui le sortiraient du pétrin. (*PÉ*, 58)

le *je* protagoniste du roman d'espionnage et le *je*-narrateur-auteur du roman se mêlent.

De même tout le début du chapitre central fait interférer à loisir les deux plans, tout en laissant peu d'illusions sur la liberté créatrice : on est loin de l'omnipotence d'un Balzac...

Rien n'est libre ici : ni mon coup d'âme, ni la traction adipeuse de l'encre sur l'imaginaire, ni les mouvements pressentis de de Heutz, ni la liberté qui m'est dévolue de le tuer au bon moment. Rien n'est libre ici, rien : même pas cette évasion fougueuse que je téléguide du bout des doigts et que je crois conduire quand elle m'efface. Rien ! Pas même l'intrigue, ni l'ordre d'allumage de mes souvenirs, ni la mise au tombeau de mes nuits d'amour, ni le déhanchement galiléen de mes femmes. Quelque chose me dit qu'un modèle antérieur plonge mon improvisation dans une forme atavique et qu'une alluvion ancienne étreint le fleuve instantané qui m'échappe. Je n'écris pas, je suis écrit. Le geste futur me connaît depuis longtemps. Le roman incréé me dicte le mot à mot que je m'approprie, au fur et à mesure, selon la convention de Genève régissant la propriété littéraire. [...] Ce que j'invente m'est vécu ; mort d'avance ce que je tue. Les images que j'imprime sur ma rétine s'y trouvaient déjà. Je n'invente pas. Ce qui attend H. de Heutz dans ce bois romantique qui entoure le Château de Coppet me sera bientôt communiqué quand ma main, engagée dans un processus d'accélération de l'histoire, se lancera sur des mots qui me précèdent. Tout m'attend. Tout m'antécède avec une précision que je dévoile dans le mouvement même que je fais pour m'en approcher. J'ai beau courir, on dirait que mon passé antérieur a tracé mon cheminement et proféré les paroles que je crois inventer.

[...] Chaque fragment de ce roman inachevé me rappelle ce fragment de route dans les Cantons de l'Est et un fragment de nuit arraché à une fête nationale. Ce roman métissé n'est qu'une variante désordonnée d'autres livres écrits par des écrivains inconnus. Pris dans un lit de glaise, je suis le cours et ne l'invente jamais. [...] Le romancier pseudo-créateur ne fait que puiser, à même un vieux répertoire, le gestuaire de ses personnages et leur système relationnel. Si je dénonce en ce moment la vanité fondamentale de l'entreprise d'originalité, c'est peut-être dans cette noirceur désolante que je dois continuer et dans ce labyrinthe obscurci que je dois m'enfoncer. (*PÉ*, 89-95)

On se souviendra également des extraits déjà évoqués :

tandis que je m'introduis dans un roman qui s'écrit à Lausanne (*PÉ*, 19)

en me cachant dans le bois voisin et dans le texte (*PÉ*, 76)

Autant d'exemples qui mettent en place une écriture de la modernité, une tentative de rénovation du roman rappelant la technique de Julio Cortazar ; René Lapierre évoque des nouvelles comme *La lejana, El axolotl* ou encore *Continuidad de los parques* (Lapierre, 1981 : 34) ; dans cette dernière, l'homme qui lit le roman est sur le point d'être assassiné par le meurtrier de l'histoire qu'il lit : où la narration rejoint la fiction... André Lamontagne souligne quant à lui l'homologie de structure et la parenté thématique existant avec les fictions de Jorge Luis Borges, une influence admise avec réticence par Aquin, mais qui paraît confirmée par la présence de plusieurs œuvres de Borges dans sa bibliothèque, ainsi que par des notes de lecture qui cernent bel et bien une poétique commune :

> l'écriture comme réécriture et lecture d'autres œuvres, la littérature comme palimpseste, l'érudition comme processus de mystification, la participation du lecteur, et la négation conjointe de l'originalité littéraire et de la personnalité individuelle. (Lamontagne, 1992 : 249)

Mais surtout, l'indifférence marquée par rapport à l'intrigue, que traduisent tant les répétitions, que les jeux de symétrie et les bifurcations soudaines, fait songer à la démarche d'un Alain Robbe-Grillet, dans *Les gommes* ou *La maison de rendez-vous*, par exemple, et plus encore dans un roman ultérieur : *Djinn*.

Toutefois, l'entreprise de Aquin va au delà de la simple rénovation du genre, comme l'atteste la lecture sociopolitique qui en a été faite au Québec. Dans cette optique, *Prochain épisode* serait le roman de l'échec : au plan de la fiction, de l'action attendue normalement d'un roman d'espionnage, le *je* manque son rendez-vous avec K, ne parvient pas à tuer de Heutz et finit par être incarcéré ; au plan de l'écriture, de nombreuses notations jalonnant le récit montrent que la paralysie du *je* déborde le domaine de l'action pour s'étendre à celui de l'écriture ; à quoi s'ajoute le constat final qui projette l'accomplissement des deux dans le futur. Le *je* apparaît dès lors comme le double, perdant, de de Heutz, incarnation parfaite du gagnant et *Prochain épisode* comme le roman du dominé.

Dans *Le roman à l'imparfait*, Gilles Marcotte fait observer que :

> L'échec du roman (celui du narrateur) est fonction de l'échec historique. Après avoir constaté que le roman qu'il est en train d'écrire n'est qu'une série d'épisodes disjoints (« Chaque fois que je reviens à ce papier naît un épisode ») [...], le narrateur écrit : « C'est vrai que nous n'avons pas d'histoire. Nous n'aurons d'histoire qu'à partir du moment incertain où commencera la guerre révolutionnaire ». (Marcotte, 1976/1989 : 49)

De la sorte, « l'action romanesque ne pourrait naître que de l'action historique » (*Ibid.*) ; or l'histoire des Canadiens-Français a été confisquée par l'Autre, l'Anglais, au moment de la Conquête ; puis, en 1837-1838, lors de l'insurrection des Patriotes (Marcotte, 1976/1989 : 237) ; cette révolte armée débouchera, en effet, sur un échec : les chefs des insurgés verront leur tête mise à prix, ils seront arrêtés, tués, ou devront fuir aux États-Unis, tel Louis-Joseph Papineau. En 1838, certains d'entre eux tentent de nouveaux coups de force, mais là encore c'est un échec : l'entreprise se soldera par des exécutions et des déportations en Australie. La dernière étape de cette aliénation se traduit par la domination économique et politique des anglophones. Les Québécois se perçoivent dès lors comme une nation de conquis et de dominés. Pour Aquin, c'est la Révolution qui fera entrer le Québec dans l'histoire (*Ibid.*) :

> C'est vrai que nous n'avons pas d'histoire. Nous n'aurons d'histoire qu'à partir du moment incertain où commencera la guerre révolutionnaire. Notre histoire s'inaugurera dans le sang d'une révolution qui me brise et que j'ai mal servie : ce jour-là, veines ouvertes, nous ferons nos débuts dans le monde. Ce jour-là une intrigue sanguinaire instaurera sur notre sable mouvant une pyramide éternelle qui nous permettra de mesurer la taille de nos arbres morts. L'histoire commencera de s'écrire quand nous donnerons à notre mal le rythme et la fulguration de la guerre. Tout prendra la couleur flamboyante de l'historique quand nous marcherons au combat, mitraillette au poing.

Histoire, révolution et écriture sont inextricablement mêlées : Aquin n'hésite pas à employer, pour parler de la révolution, un terme se rattachant à la terminologie romanesque : *intrigue* (Marcotte, 1976/1989 : 237-238).

En définitive, plus encore qu'à Robbe-Grillet, Aquin pourrait ainsi s'apparenter à la démarche d'un Claude Ollier : dans *La mise en scène*, publié en 1958, il unit la subversion du genre romanesque, caractéristique du Nouveau Roman, au discours anticolonialiste.

Quand l'écriture se met en scène

Le titre *La mise en scène*[2], à l'instar de celui choisi par Aquin, pourrait suggérer le caractère construit du roman : il est susceptible d'indexer tant la mise en scène qui paraît entourer la mort du géologue Lessing (déplacement dans le temps et dans l'espace accréditant la thèse de l'accident, là où Lassalle donne à entendre qu'il pourrait y avoir eu crime) que la mise en scène de l'écriture, en une démarche convoquée aussi par l'élection du syntagme « prochain épisode ».

On retrouve le thème du dédoublement. Il fait irruption dès la première page :

> Sous l'effet de la torpeur, le point de vue se dédouble, se multiplie. (*MeS*, 43)

> Dans sa somnolence, c'est un peu comme s'il s'observait du dehors, à faible portée de son reflet dans l'angle droit des parois. (*Ibid.*)

---

[2] Ollier C., *La mise en scène*, Paris, Flammarion, 1958/1982. Dorénavant, pour les citations, on utilisera l'abréviation *MeS.*, suivie de la référence de page entre parenthèses.

Lassalle apparaît à bien des égards comme le double de Lessing : la consonance de leur patronyme déjà suggère une relative perméabilité ; leur profession ensuite – l'un géographe, l'autre géologue – entraîne une inévitable confusion dans l'esprit de certains : le capitaine Weiss ne sait plus si Lessing était géographe ou géologue, quant au lieutenant Waton, il les prend carrément l'un pour l'autre. Weiss et Waton eux-mêmes sont appelés à remplir des fonctions symétriques d'hôte pour les deux « étrangers », leur interchangeabilité étant comme soufflée par l'initiale commune de leur nom. Enfin, les figures féminines qui croiseront successivement la route des deux protagonistes s'appellent l'une Jamila, l'autre Yamina ; Lassalle mêle à plus d'une reprise leurs prénoms, tandis que des similitudes d'attitude et d'expression sont soulignées avec insistance dans la narration.

Autre facteur de convergence : à la portée de l'ex-libris et du cryptogramme chez Aquin répond l'importance presque obsessionnelle des cartes et des rapports chez Ollier. Le rôle du petit agenda relié en cuir vert est capital : il scande véritablement le récit et engendre une mise en abyme (*MeS*, 122-126) : constatant qu'il a oublié de consigner son emploi du temps des derniers jours, Lassalle entreprend aussitôt de combler cette lacune, ce qui fournit l'occasion d'une comparaison entre la démarche diaristique :

> tenir un journal est une entreprise beaucoup trop absorbante : c'est se condamner à écrire au moins une page par jour, format « cahier d'écolier », souvent plus en pratique, certains événements suscitant des commentaires, des rapprochements, des interprétations... (*MeS*, 124)

– qui nécessite du temps :

> le temps de passer en revue les faits, de choisir ceux qui sont dignes d'être narrés par le détail, de rédiger... (*MeS*, 124)

et celle choisie par Lassalle :

> résumer en quelques mots l'emploi du temps quotidien, prendre l'habitude de noter chaque soir l'essentiel, sans entrer dans les détails (*MeS*, 122)

> une trentaine de mots par jour, c'est évidemment un peu maigre pour un emploi du temps aussi chargé ; mais cela correspond bien à ce qu'il voulait faire. (*MeS*, 123)

Ces réflexions peuvent être attribuées à Lassalle tout autant qu'à l'instance narrative – une ambiguïté habilement entretenue tout au long du roman.

En outre, la comparaison s'étend aux événements qui ont, jusqu'ici, constitué l'intrigue ; ainsi le lecteur dispose de trois versions des faits : celle du récit antérieur, celle consignée par Lassalle dans son agenda (avec un ajout concernant Ba Iken – une version 2' en quelque sorte), celle enfin qu'il aurait pu livrer comme diariste.

Si cette mise en abyme n'est pas située au centre du roman, comme le journal d'Edouard dans *Les Faux monnayeurs*, elle intervient cependant à une place stratégique, puisqu'elle précède – faisant en quelque sorte office d'ouverture – l'apparition de la seconde jeune fille : Yamina, dont la présentation démarque celle de Jamila.

À travers cette mise en abyme très complexe s'insinue l'idée que le travail du cartographe Lassalle serait semblable à celui du romancier, une idée qui s'impose avec plus de force à mesure que la narration se voit insensiblement grignotée, dans la dernière partie, par une formulation métanarrative : observant le manège de fourmis nettoyant une carcasse de scorpion, Lassalle ?/le narrateur ? parle de « dénouement de la scène » (on relèvera le rappel du titre) et de progression de l'action (*MeS*, 263). Évoquant les versions contradictoires de la mort de Lessing, visant à rendre impossible le rapprochement entre celle-ci et celle de Jamila, la même instance indifférenciée conclut :

> Par suite de l'éclatement de ses données spatiales, le problème est devenu insoluble, l'urgence même du problème insensible. Et de tous les personnages mêlés à l'action, deux seuls en définitive se retrouvent officiellement cités : les deux victimes. (*MeS*, 298)

Mais c'est surtout dans l'évocation du rôle de l'agenda (*MeS*, 300-301) que s'opère – après ce qui n'est autre qu'un résumé de l'intrigue – un glissement sensible d'un plan à l'autre :

> Ces courtes phrases aideront la mémoire, le cas échéant, à renouer la trame plus serrée des divers épisodes (*MeS*, 301)

« Épisode », outre qu'il anticipe le titre de Aquin, convient parfaitement au récit d'aventure, qui sert de parangon à ce récit où il ne se passe pas grand chose, sinon dans l'ordre du fantasmatique ; par ailleurs, le passage est aisé de la « trame » au tissu, puis au texte.

Le soulignement du côté construit est encore plus manifeste dans les multiples jeux de symétrie entre les deux jeunes filles (*MeS*, 64, 141, 144-145, 221, 231-232 : le terme « confusion » scande le passage) et les deux « étrangers » : les scènes de la première rencontre (Lassalle, 126-128 ; Lessing, 239-241) paraissent purement et simplement interchangeables, tout comme celles de la sortie nocturne (Lassalle : chapitre IX, 164-171 ; Lessing : chapitre XX, 241-245), comme le suggèrent les multiples répétitions qui semblent s'afficher tant par leur nombre que par leur quasi littéralité. Par ailleurs, il est frappant de constater que l'on passe sans transition de Jamila à Yamina dans la première scène (*MeS*, 126 : de la jeune fille de l'infirmerie à la jeune fille à la cruche) et de

Lessing à Lassalle dans la dernière (*MeS*, 245 : on glisse insensiblement de Lessing à Lassalle endormi, comme le donne à entendre la mention d'Ichou), un peu à la manière d'un fondu enchaîné : la « confusion » est donc ici in-formée dans la narration. Le rapprochement entre les deux protagonistes est en outre relayé par la reprise, dans un ordre modifié, des répliques échangées par Lassalle et le capitaine (*MeS*, 54, 214, 224).

Le caractère ostentatoire des redites qui envahissent les scènes précédentes est encore accru lorsqu'elles interviennent au sein d'une même séquence, donnant l'impression que la narration fait du surplace :

> À Asguine, seules deux fenêtres sont éclairées : l'une des lueurs, vacillante, s'éteint presque aussitôt. Beaucoup plus loin, une lumière brille, à l'autre bout du bassin, à Ifechtalen sans doute […]
>
> Le ciel est extraordinairement net. Parfois, dans ce foisonnement d'étoiles, un point se détache et « file », laissant derrière lui une traînée blanche qui s'éparpille et retombe en pluie. Un chien aboie à plusieurs reprises dans le lointain, puis se tait. Plus près, au douar même, un homme lance deux syllabes dans la nuit. Plus proche encore, un caillou glisse, dévale la pente, s'immobilise [*sic*]. L'homme renouvelle son appel. Quelqu'un lui répond – une suite d'interjections dont la dernière, reprise par l'écho, résonne encore longtemps après, comme si l'instant où elle avait été émise se divisait indéfiniment… Puis tout se calme. Le silence s'installe à nouveau, plus profond qu'auparavant, jusqu'à ce qu'un second caillou glisse sur la paroi du rocher.
>
> La dernière étoile filante, partie du zénith, a piqué droit sur l'Amerziaz, puis a disparu, entraînant dans son sillage une poussière de particules étincelantes. Une lueur point sur les crêtes de l'Addar – un feu de brindilles, peut-être, qu'un berger vient d'allumer. Une porte s'ouvre en bas : une clarté rougeâtre se répand sur le sol devant la maison. Mais la porte se referme avant que quiconque se soit risqué au dehors.
>
> Un coulis d'air frais se faufile jusqu'au rocher, caressant les cheveux, la nuque et l'étoffe du blouson, des épaules aux reins… Il n'est plus très loin de dix heures. Mieux vaut se remettre à marcher : ce n'est pas le moment d'attraper froid. (*MeS*, 165-166)

Et quelques pages plus loin, dans une séquence qui en compte à peine neuf :

> Sous ses pieds nus, les cailloux glissent et dévalent la pente. Un chien aboie dans le lointain, puis se tait. Plus près, au douar même, un homme lance deux syllabes, puis renouvelle son appel et quelqu'un lui répond de l'autre côté de la vallée – exclamations, monosyllabes, dont le dernier, repris par l'écho, résonne indéfiniment… Puis tout se calme. Le silence s'installe, neuf, profond, jusqu'à ce que d'autres cailloux glissent tout en bas de la pente.
>
> À Asguine, une seule fenêtre est éclairée. Beaucoup plus loin, à l'autre extrémité du bassin, une lumière brille, sur Ifechtalen sans doute. Une étoile

filante se détache et plonge sur les crêtes de l'Ahori, entraînant dans son sillage une poussière de particules étincelantes qui retombent en pluie. Une lueur – un feu de brindilles – point sur l'Amerziaz. Une porte s'ouvre en bas : une clarté jaunâtre se répand sur le sol devant la maison. Puis la porte se referme sans que personne ne soit apparu.

Un coulis d'air frais se faufile jusqu'aux rochers, caressant les cheveux, la nuque et l'étoffe du blouson, des épaules aux reins... Dix heures et demie. Il est temps de rentrer. (*MeS*, 170-171)

Le procédé revient à différentes reprises dans le récit, entraînant un effet d'arrêt sur image :

Ider s'est alors remis en marche : arrivé devant le thurifère, il a pris par le sentier de gauche et s'est éloigné en bordure du plateau. Vingt mètres plus loin, au premier tournant, il a disparu. (*MeS*, 230)

Un peu plus loin, Ider a tourné à gauche et s'est éloigné en direction de Zegda. Il a disparu au premier tournant. (*MeS*, 231)

La dimension topographique/topologique de l'œuvre sur laquelle Philippe Boyer insiste dans sa préface (*MeS*, 9-38) contribue, elle aussi, à rapprocher étroitement les deux récits, comme l'attestent l'importance des circonvolutions effectuées en voiture dès le début de chaque roman, le thème de la spirale – central chez Aquin –, ou encore un champ lexical soigneusement choisi : *zigzague* (*MeS*, 72), *courbes* (*MeS*, 72, 75), *lacets* (*MeS*, 74, 104, 253), *sinuosités* (*MeS*, 81), *serpente* (*MeS*, 102), *tortueux* (*MeS*, 103), les *rosaces*, *esses* et *arabesques* de la grille en fer forgé (*MeS*, 143) qui deviennent *spirales*, *torsades*, *volutes des arabesques* (*MeS*, 148), *détours* et *virevoltes* (*MeS*, 277).

Le motif des gravures rupestres représentant d'une part un guerrier et sa monture, d'autre part une scène de meurtre impliquant trois personnes : un cavalier (le précédent ?), un enfant et la victime, rappelle les guerriers de la commode chez Aquin : par le thème du guerrier déjà, mais plus encore par ce nouveau procédé de mise en abyme ; la description qui en est faite pourrait convenir à l'intrigue elle-même : la démarche supposée du graveur s'apparente à celle de Lassalle, confronté au meurtre de Jamila, et à celle de l'instance narrative, qui brouille constamment les pistes et les liens entre Jamila/Yamina, Lessing/Lassalle, Ider ou encore Ichou :

Lassalle [...] essaie de retracer aussi fidèlement que possible, sur les dernières pages de son carnet, les cinq figures qu'il a sous les yeux et qu'il ne peut s'empêcher par moments de considérer comme un tableau unique. Mais rien ne prouve évidemment qu'une telle intention ait inspiré le graveur : bien des rapports naissent de la simple juxtaposition, sans qu'aucune contrainte logique ait présidé à l'entreprise (tout au plus une certaine contrainte matérielle : le manque de place).

Entre les trois figures de droite – l'enfant, le cavalier et l'âne – la relation est probable, sinon manifeste. Entre les deux autres (et entre les deux groupes ainsi constitués), elle est beaucoup plus discutable. La tentation est grande néanmoins de lier au premier groupe les deux figures de gauche et d'en induire une unité d'action propre à renouveler l'intérêt dramatique de la scène. C'est postuler un double meurtre et déjà lui prêter toutes sortes de mobiles : haine, rite, trahison, vengeance... (*MeS*, 205-206)

Le glissement vers le plan métanarratif, qui se produit en fin de séquence, s'appuie sur des termes récurrents dans le récit : *action* et *scène*, dont on a déjà signalé le jeu d'écho avec le titre. En un procédé désormais familier au lecteur, les gravures feront l'objet d'une nouvelle évocation, décalque de la précédente (*MeS*, 254-255). Cette fois, le dérapage vers le plan métanarratif est comme souligné par la reprise encadrante : « Mais c'est postuler un double meurtre ».

Mais c'est postuler un double meurtre et déjà lui prêter toutes sortes de mobiles : rite, vengeance, trahison, jalousie... Rien n'empêche évidemment de considérer les cinq figures comme un tableau unique : bien des rapports naissent de la simple juxtaposition, là même où aucune conception d'ensemble n'a présidé à l'entreprise...
Entre l'enfant, le cavalier et l'âne, la relation est immédiate. Entre ces trois figures et les deux dernières, elle est plus discutable, plus ambiguë. La tentation est grande néanmoins de lier au premier groupe les trois figures de gauche et d'en induire une unité d'action propre à renouveler l'intérêt dramatique de la scène. Mais c'est postuler un double meurtre... (*MeS*, 254-255)

En outre, il est difficile de savoir à qui attribuer ces réflexions : à Lassalle ? à l'instance narrative ? d'autant que cette fois les guillemets initiaux, qui tendraient à indexer une citation littérale des notes consignées par Lassalle dans son agenda, sont contredits par la formulation ambiguë : « L'emploi du temps de la veille peut se résumer ainsi », puis disparaissent purement et simplement lors de la description proprement dite. On observera qu'à l'instar de ce qui se passait lors de la première mise en abyme (*MeS*, 122-126) – elle aussi résumé, mais putatif, des événements que Lassalle aurait pu relater dans son agenda – une confusion s'opère ensuite entre Lassalle (Ichou est mentionné p. 254) et Lessing (p. 255). Artifice de la construction et perméabilité des identités romanesques sont une nouvelle fois affichées sans détours.

Dans un même ordre d'idées, la mention récurrente, dans les premières et les dernières pages, des carreaux noirs et blancs alternant en damier (*Mes*, 44, 52, 64, 307 et 308) convoque l'image d'un jeu d'échecs ou de dames, où les personnages ne seraient que des pions, ce qui nous ramène à l'idée, pointée de manière récurrente dans l'œuvre, de l'interchangeabilité des identités.

Si *Prochain épisode* peut être considéré comme un roman de l'échec, cette affirmation doit être nuancée dans le cas de *La mise en scène* ; il est vrai que le mystère entourant la mort de Lessing persiste : l'étui trouvé à proximité de l'arche ne prouve rien (Lessing peut l'avoir perdu) ; en revanche, l'emplacement de la tente, montré par Ichou, balaie la version de Ba Iken, du moins dans l'esprit de Lassalle ; cependant il ne pourrait rétablir la vérité, faute de témoignages (l'étui lui-même finira par être perdu). Toutefois sa mission en tant que géographe paraît réussie : le tracé de la piste établi par Lassalle est nettement supérieur à celui de Moritz. Fait significatif, c'est Ichou qui lui révèle le parcours, un gamin du lieu, muet et quelque peu simplet.

Chapitre III

Marie-Claire Blais
Une saison dans la vie d'Emmanuel (1965)

Bio-bibliographie

Marie-Claire Blais est née à Québec en 1939, dans une famille nombreuse d'origine modeste. À seize ans, elle se voit contrainte d'interrompre ses études pour gagner sa vie. Elle exerce divers métiers : commis dans une fabrique de biscuits, caissière dans une banque, vendeuse, tout en continuant à suivre des cours à la Faculté des Lettres de l'Université Laval. À vingt ans, elle publie son premier roman, *La Belle Bête*, qui lui vaudra le Prix de la langue française. Commence alors une carrière particulièrement féconde : deux romans : *Tête blanche* et *Le jour est noir*, ainsi que deux recueils poétiques : *Pays voilés* et *Existence* lui vaudront d'être remarquée par le critique américain Edmund Wilson, qui la fait connaître au public américain. À deux reprises, elle obtient une bourse de la Fondation Guggenheim et s'installe à Cape Cod où elle peut se consacrer à l'écriture. En 1965, elle remporte le prix France-Québec et le Prix Médicis pour son roman *Une saison dans la vie d'Emmanuel*.

Dans une œuvre qui embrasse aussi bien le roman, que la nouvelle, la poésie ou le théâtre, on retiendra notamment la trilogie des *Manuscrits de Pauline Archange* (*Manuscrits de Pauline Archange*, 1968, *Vivre ! Vivre !*, 1969, *Les Apparences*, 1970). Avec *Le sourd dans la ville* (1979), un passage sensible s'opère de la révolte individuelle à la sympathie universelle – une évolution que confirme encore sa toute récente trilogie : *Soifs* (1995), *Dans la foudre et la lumière* (2001) et *Augustino et le chœur de la destruction* (2005).

Cette écrivaine d'une très grande générosité et d'une très riche palette est devenue membre de l'Académie royale de langue et de littérature françaises de Belgique en 1992[1].

---

[1] Frédéric, 1995b. Au passage, je me permets de récupérer une partie de mon identité : pour l'occasion, j'avais été prénommée erronément Marianne – normal, sans doute,

Les révolutions du roman

Gilles Marcotte, dans *Le roman à l'imparfait*, inscrit Marie-Claire Blais dans la lignée de Hubert Aquin, Réjean Ducharme et Jacques Godbout : comme eux, elle illustre un infléchissement net du roman québécois dans les années 1960, qui se traduit par l'abandon de la forme classique du roman, dont le parangon serait l'œuvre de Balzac. Cette dernière suppose une vision totale, articulée solidement, structurée, de la société et de son évolution ; en maîtrisant les causes et les effets ; attentive aux libertés individuelles et au poids des déterminismes sociaux. Cette conception du roman va être abandonnée par un bon nombre d'écrivains québécois car elle se heurte à une nouvelle vision du monde, à une autre image de la société : celle qui se met en place sur fond de Révolution tranquille. On assiste dès lors à une remise en question de la forme romanesque elle-même : comment relater ce monde nouveau ? (Marcotte, 1976/1989 : 15-20).

Les écrivains vont chacun tenter d'apporter à cette question une réponse qui sera sensiblement différente de l'un à l'autre. Aquin, on l'a vu, tisse un lien serré entre écriture, histoire et révolution. Marie-Claire Blais conteste la notion de vraisemblable, elle remodèle cette notion par l'imagination. Ducharme opère une véritable explosion du langage. Godbout accorde une très grande importance à l'actualité : dualité canadienne, québécitude joualisante, crise des valeurs occidentales, « nouvelle culture » et tiers-monde sont les grands axes de sa réflexion.

Chez tous, l'écrivain est mis en scène comme personnage à l'intérieur du roman, qu'il s'agisse du *je* chez Aquin, de Jean Le Maigre chez Blais, de Blasey Blasey chez Ducharme, ou de Galarneau chez Godbout ; et cette figure est bien loin de la représentation que s'en faisait Balzac : si pour ce dernier, le romancier était comme Dieu dans sa création, chez Aquin, en revanche, il est aux prises avec son roman, jusqu'à être écrit par lui ; quant à Ducharme, il n'hésite pas à le caricaturer.

Cet infléchissement net incarne le désir de dépasser le roman traditionnel, image de l'écriture occidentale et de son institution littéraire. Dans la mesure où les formes littéraires sont en relation avec les formes sociales, une société nouvelle, ou en tout cas en changement, appelle une forme littéraire nouvelle, entre autres en ce qui concerne le roman.

Cette différence de conception par rapport au roman traditionnel, en même temps que cette différence de rapport au monde, à la société, ressortent bien de la comparaison entre *Trente arpents* (1938) de Ringuet et

---

pour une Académie de Langue et de Littérature *françaises* ; toutefois, ma conscience de sujet périphérique ne va pas jusque là…

Une saison dans la vie d'Emmanuel de Marie-Claire Blais, qui apparaissent comme deux incarnations du roman de la terre, une veine particulièrement exploitée dans la littérature canadienne-française.

Aux dires de Marcotte, le roman québécois, à partir des années 1960 est « plus abondant, plus riche, mieux écrit, plus habile dans ses jeux formels », plus audacieux et surtout, nettement éloigné du roman classique, type « comédie humaine » (*Ibid.* : 11).

Il propose, pour s'en convaincre, de se référer à l'évocation d'un même événement : l'apparition d'un nouveau-né dans une famille de paysans québécois. Voici ce que cela donne chez Ringuet :

> Alphonsine tourna faiblement les yeux vers son fils, toute surprise que cet être, si menu qu'il semblait noyé dans ses vêtements de nouveau-né, ait pu lui coûter tant et de si longues douleurs. Mais en même temps envahie par une joie triomphale et profonde : l'indicible joie d'avoir créé.
>
> Elle n'eût jamais cru qu'après sa maladie les forces lui reviendraient si vite. Le cinquième jour elle avait repris sa place dans la cuisine, un peu faible encore certes, en dépit de sa vaillance, mais retrouvant une vigueur nouvelle au contact maternel de son petit, chaque fois qu'elle tendait à cette bouche avide le sein gonflé.
>
> [...]
>
> Cette naissance métamorphosa la maison chez les Moisan. Alphonsine surtout qui, pour vaillante qu'elle fût, s'était sentie comme amortie dans cette atmosphère où régnaient conjointement le souvenir du vieil oncle Ephrem et la présence caduque de la vieille tante. La vie entre ces vieux avait déjà singulièrement éteint chez Euchariste la vivacité qu'on eût attendue de ses vingt-cinq ans. Or, c'est tout cela qui disparut d'Alphonsine avec la naissance du petit. Elle redevint une enfant pour jouer avec cette vivante poupée, pour lui parler cette inintelligible langue que les mères et toutes celles qui ont l'instinct de la maternité parlent aux petiots. (Ringuet, 1938 : 50-51)

La scène dégage une impression de stabilité, de sécurité : tous les personnages se trouvent à leur place dans ce monde, ils y remplissent le rôle qu'en attend la société ; la métamorphose due à la venue de l'enfant appartient à l'ordre des choses (Marcotte, 1976/1989 : 13) :

> Alphonsine et Euchariste étaient revenus à la norme humaine hors de laquelle, les premiers mois de leur mariage, ils avaient vécu. Ils étaient désormais la famille avec, répartie sur chacun, sa part bien tranchée des soucis communs et des besognes quotidiennes. Et cela suivant l'ordre établi depuis les millénaires. (Ringuet, 1938 : 52)

– référence explicite est faite à *la norme*, à *l'ordre établi*. Le caractère exemplaire de cet épisode ressort clairement de ces extraits : nous sommes en présence d'une famille paysanne québécoise type.

Le contraste est frappant avec le début d'*Une saison dans la vie d'Emmanuel*[2] :

> Les pieds de Grand-Mère Antoinette dominaient la chambre. Ils étaient là, tranquilles et sournois comme deux bêtes couchées, frémissant à peine dans leurs bottines noires, toujours prêts à se lever ; c'étaient des pieds meurtris par de longues années de travail aux champs (lui qui ouvrait les yeux pour la première fois dans la poussière du matin ne les voyait pas encore, il ne connaissait pas encore la blessure secrète à la jambe, sous le bas de laine, la cheville gonflée sous la prison de lacets et de cuir...) des pieds nobles et pieux (n'allaient-ils pas à l'église chaque matin en hiver ?) des pieds vivants qui gravaient pour toujours dans la mémoire de ceux qui les voyaient une seule fois – l'image sombre de l'autorité et de la patience.
>
> Né sans bruit par un matin d'hiver, Emmanuel écoutait la voix de sa grand-mère. Immense, souveraine, elle semblait diriger le monde de son fauteuil. « Ne crie pas, de quoi te plains-tu donc ? Ta mère est retournée à la ferme. Tais-toi jusqu'à ce qu'elle revienne. Ah ! déjà tu es égoïste et méchant, déjà tu me mets en colère ! » Il appela sa mère. « C'est un bien mauvais temps pour naître, nous n'avons jamais été aussi pauvres, une saison dure pour tout le monde, la guerre, la faim et puis tu es le seizième... ». Elle se plaignait à voix basse, elle égrenait un chapelet gris accroché à sa taille. Moi aussi j'ai mes rhumatismes, mais personne n'en parle. Moi aussi, je souffre. Et puis, je déteste les nouveau-nés ; des insectes dans la poussière ! Tu feras comme les autres, tu seras ignorant, cruel et amer... « Tu n'as pas pensé à tous ces ennuis que tu m'apportes, il faut que je pense à tout, ton nom, le baptême... »
>
> Il faisait froid dans la maison. Des visages l'entouraient, des silhouettes apparaissaient. Il les regardait mais ne les reconnaissait pas encore. Grand-Mère Antoinette était si immense qu'il ne la voyait pas en entier. Il avait peur. Il diminuait, il se refermait comme un coquillage. « Assez, dit la vieille femme, regarde autour de toi, ouvre les yeux, je suis là, c'est moi qui commande ici ! Regarde-moi bien, je suis la seule personne digne de la maison. C'est moi qui habite la chambre parfumée, j'ai rangé les savons sous le lit... Nous aurons beaucoup de temps, dit Grand-Mère, rien ne presse pour aujourd'hui... » (*US*, 7-8)

Dans la mesure où il s'agit des toutes premières pages du roman le ton est donné d'emblée. La rupture est totale. Le lecteur est, cette fois, confronté à une grand-mère acariâtre, récriminante ; apitoyée sur elle-même au lieu d'être dévouée à sa famille, elle accable de reproches un bébé qui vient de naître ; elle tranche incontestablement sur l'image de la grand-mère traditionnelle. Quant au père et à la mère, ils sont absents

---

[2] Blais M.-C. (1965/1966)., *Une saison dans la vie d'Emmanuel*, rééd. Paris, Grasset, 1966. Dorénavant, pour les citations, on utilisera l'abréviation *US*, suivie de la référence de page entre parenthèses.

du paysage, ce qui laisserait supposer une démission morale par rapport à l'éducation : abandonnée à la grand-mère. On se trouve dès lors en présence d'une famille tronquée, réduite et donc éloignée d'autant de la vision de sécurité, de naturel, de conformité, présentée par Ringuet (Marcotte, 1976/1989 : 14-15) : on est ici dans l'ordre de l'a-normal.

Qui plus est, la vision n'est plus globale comme dans le tableau de famille livré par Ringuet, mais progressive : le lecteur est entraîné dans une appréhension synecdochique par les yeux du nouveau-né. Il découvre de la sorte une image qui se construit fragment par fragment, mais reste inachevée.

Ainsi, de *Trente arpents* à *Une saison dans la vie d'Emmanuel*, et bien qu'appartenant à une même veine : celle du roman de la terre, c'est tout le roman qui a changé. La vision du monde qui nous est livrée est radicalement différente, c'est un peu comme si les romanciers nous parlaient d'un autre monde (Marcotte, 1976/1989 : 19) ; la manière de le représenter aussi est très dissemblable. Avec le roman québécois des années 1960, le lecteur apprend à lire, avec ces différents romanciers, ce monde différent dans lequel ils vivent.

Une saison dans la vie d'Emmanuel réalise d'une certaine manière la synthèse entre *Trente arpents* et *Bonheur d'occasion*, dès lors qu'on y voit s'opérer un passage de la campagne à la ville, en même temps qu'une mutation de la civilisation traditionnelle à la civilisation urbaine. Une évolution que traduit le parcours des enfants, tant chez Ringuet que chez Blais : ils quittent la ferme paternelle tantôt pour le noviciat, tels Jean Le Maigre ou l'aîné des Moisan, Oguinase ; tantôt pour le bordel, comme Héloïse ou l'une des sœurs Moisan ; tantôt encore pour aller travailler en usine, ainsi en sera-t-il du Septième et de Pomme, tout comme d'Ephrem parti aux États-Unis (Marcotte, 1976/1989 : 164ss.).

De la sorte, au delà de la vraisemblance, de la *mimesis*, ce qui frappe c'est la référence à un texte majeur de la tradition québécoise : le roman de la terre. La domination sur sa terre est assurée par l'enfant, où l'on rejoint le thème des familles nombreuses, rencontré déjà dans *Bonheur d'occasion*. La tante Mélie, dans *Trente arpents*, assure le même rôle que Grand-mère Antoinette, dans *Une saison dans la vie d'Emmanuel* : relayer les parents dans l'éducation des enfants. L'aîné est voué au noviciat, perpétuant de cette façon les valeurs de l'Église, un parcours que partageront Jean Le Maigre et Oguinase, qui mourront d'ailleurs tous deux de la tuberculose (Marcotte, 1976/1989 : 168).

La mort et ses transfigurations

Le thème de la mort, très présent dans *Une saison dans la vie d'Emmanuel*, est en fait sous-jacent à toute l'œuvre de Marie-Claire Blais, non seulement dans son premier roman, mais également dans la trilogie des *Manuscrits de Pauline Archange* et *Le sourd dans la ville*, où il s'impose avec une force considérable. Projeté à l'avant-plan par ses récurrences multiples voire son omniprésence, il reçoit en outre des accents d'une rare intensité, tout en faisant apparaître de l'une à l'autre des trois œuvres des variations non négligeables qui éclairent en retour l'ensemble de la production blaisienne.

Les affinités des deux premières, aussi bien sur le plan des thèmes que sur celui de l'écriture, sont indéniables et ont d'ailleurs été soulignées à diverses reprises par la critique.

La mort et son interrelation étroite avec la vie intervient dans les toutes premières pages d'*Une saison dans la vie d'Emmanuel*. La « marée », le « déluge d'enfants » qui assaillent la grand-mère dans la deuxième séquence[3] fait insensiblement songer aux Erinnyes : l'évocation de leur harcèlement – encore qu'il n'ait pas, loin s'en faut, le caractère oppressant, voire terrifiant qu'il présente chez les divinités grecques – et peut-être plus encore l'occurrence du terme *mouches* indexent très sûrement une lecture sartrienne du passage.

Ainsi, dans sa première mention, la mort nous est présentée non en soi (comme elle le sera, mais bien plus tard, lorsque sera dépeinte l'agonie de Jean Le Maigre), mais dans sa liaison étroite avec la vie (les morts venant houspiller les vivants). C'est dès lors la possibilité d'une existence *post mortem* qui surgit ou plus exactement, loin d'être une éventualité, cette existence *post mortem* est une évidence pour la grand-mère :

> [...] on les croit ensevelis sous la neige en allant à l'école, ou bien morts depuis des années, mais ils sont toujours là, sous les tables, sous les lits, ils me guettent de leurs yeux brillants dans l'ombre. (*US*, 11)

Cette conviction intime explique la réaction première d'Antoinette : sa joie non dissimulée, de même que son comportement : les coups de canne, le sucre et les miettes de chocolat qu'elle distribue aux enfants. Cette croyance profonde semble, par ailleurs, avoir contaminé l'instance narrative elle-même, qui n'introduit pas la moindre distanciation dans sa narration ; on se trouve, en effet, confronté à une technique remarquable qui omet délibérément tout facteur de modalisation – qu'il s'agisse du

---

[3] J'entends par le terme *séquence* la subdivision typographique encadrée par les astérisques.

jeu des temps, de celui des modes, ou même du lexique. Tout est présenté exactement sur le même plan que les actions les plus banales, les plus quotidiennes de la grand-mère : le premier paragraphe du roman, par exemple, n'est guère différent de ceux-ci et surtout l'attitude de la grand-mère, au milieu de ces enfants fantasmés, est mise explicitement en relation avec celle qu'elle adopte envers les animaux et autres créatures bien réelles de la ferme, ce qui a pour effet d'ôter à la scène tout caractère d'étrangeté :

> Elle les chassait d'une main souveraine. Plus tard, ils la verraient marchant ainsi au milieu des poules, des lapins et des vaches, semant des malédictions sur son passage ou recueillant quelque bébé plaintif tombé dans la boue. (*US*, 12)

Il n'y a donc pas de frontière, pas de séparation étanche entre l'au-delà et le monde d'ici-bas, entre les morts et les vivants. Et cette coexistence qui n'a rien de problématique entre deux ordres apparemment inconciliables : celui du naturel et celui du surnaturel, nous entraîne imperceptiblement dans la sphère du réalisme magique.

La différence de technique apparaît d'ailleurs très nettement si l'on compare cette séquence à un passage des *Manuscrits de Pauline Archange* où l'on voit également les morts venir harceler les vivants : le premier chapitre de *Vivre ! Vivre !*[4] s'achève sur l'évocation des rêves ou plutôt des cauchemars qui hantent les nuits de la narratrice (*VV*, 56-57). Ici encore, la frontière semble bien fragile entre les deux univers et le passage se fait sans trop de difficultés de l'un à l'autre :

> [...] combien de fois cette violence des rêves ne s'est-elle pas incarnée dans la vie, loin de moi et autour de moi ? [...] les visions les plus atroces se sont réalisées.

Mais cette fois, la distance est prudemment maintenue et soulignée : le champ lexical du sommeil et du rêve est abondamment sollicité (*je me réveille*, *imagination*, *sommeil*, *rêves*, *visions*, *nuit*) à cette fin, tandis que le conditionnel (*j'aimerais tant retrouver Jacob*) voit sa valeur de probabilité balayée par le réveil brutal de Pauline.

Cette porosité se confirmera dans l'évocation de l'agonie de Jean Le Maigre, en un processus symétrique et inverse du premier : cette fois, c'est le mourant qui se sent interpellé par les vivants. On observera cependant que, s'il n'est pas ouvertement fait allusion à un rêve, ou plus exactement à des hallucinations de la part de Jean – contrairement à ce qui se passait dans le fragment des *Manuscrits de Pauline Archange* –

---

[4] Blais M.-C. (1969/1981b), *Vivre ! Vivre !*, rééd. Montréal-Paris, Stanké, 1981, coll. 10/10. Dorénavant, pour les citations, on utilisera l'abréviation *VV*, suivie de la référence de page entre parenthèses.

des facteurs de déréalisation apparaissent cependant : qu'il s'agisse de la modalisation introduite par un *peut-être* réitéré qui peut appartenir à Jean, auquel cas on aurait affaire à des fragments de monologue intérieur (lecture permise par la phrase « Il n'arriverait jamais jusqu'à la grille, il avait tant de mal à marcher »), ou au contraire au narrateur largement omniscient qui feindrait de cette manière une certaine ignorance tout en orientant du même coup subtilement la narration ; une modalisation du même genre apparaît encore avec l'expression « Cela pouvait être sa mère aussi », susceptible de relever des deux mêmes instances narratives. Un autre processus déréalisateur particulièrement efficace opère au niveau logique, cette fois, tantôt en donnant comme réels des faits dont on insiste ensuite sur le caractère hautement improbable : « Jean Le Maigre patinait au milieu de ses frères. Il était si agréable de patiner sans jamais l'avoir appris » (*US*, 101), tantôt en brisant la logique du récit par l'un ou l'autre *flash* quelque peu incongru : ainsi la réflexion du Curé levant la tête de son bréviaire : « Mon pauvre enfant, dit-il, vous allez encore vous tromper de direction... » (*US*, 100), les regrets exprimés par Jean d'avoir perdu l'appétit (*US*, 101), la mise en garde – typique du rêve – faite par le Septième : « Mais prends garde de tousser. Le Frère Théodule pourrait nous entendre » (*US*, 101), alors que le Frère Théodule est endormi à l'infirmerie. Le fil logique sera ensuite définitivement perdu avec l'irruption du tribunal de jésuites.

Ainsi donc, alors que la scène nous montrant la Grand-Mère Antoinette distribuant des gâteries à des enfants supposément morts nous était présentée comme aussi vraisemblable que la distribution la plus quotidienne et prosaïque de nourriture au bétail, ici par contre, une certaine distanciation est introduite entre les deux univers : réel et imaginaire, sans que l'instance narrative y insiste pourtant comme elle le faisait dans les *Manuscrits de Pauline Archange*.

En outre, on sera sensible au fait qu'une nouvelle fois, l'intertexte opère une mythification de la séquence : de même que dans la scène avec la grand-mère, référence était faite aux Erinnyes, ici les appels qui scandent véritablement l'agonie de Jean Le Maigre font insensiblement songer au Roi des Aulnes ; le cadre lui-même : la lune, le vent, le but à atteindre mais qui semble se dérober sans cesse, concourent à indexer en filigrane cette nouvelle lecture.

Si l'on s'attache à présent au traitement de la mort dans les *Manuscrits de Pauline Archange*, on est confronté, dès le premier volume[5], à

---

[5] Blais M.-C. (1968/1981a), *Manuscrits de Pauline Archange*, rééd. Montréal-Paris, Stanké, 1981, coll. 10/10. Dorénavant, pour les citations, on utilisera l'abréviation *MPA*, suivie de la référence de page entre parenthèses.

deux évocations nettement plus réalistes : celle de l'oncle Sébastien et celle de Séraphine. On ne manquera pas de relever que ces deux morts, proches déjà dans l'espace du texte (*MPA*, 52-58 et 63-65), sont mises explicitement en relation par la narratrice :

> Si j'hésitais à venir chez l'oncle Sébastien, c'est que le destin de ce jeune homme que j'aimais me semblait menacé et lié de quelque façon à la tragédie qui pourrait me séparer de Séraphine un jour, vagues fragments d'une catastrophe unie à un être cher mais que je ne désirais pas identifier, croyant peut-être, dans la superstition du cauchemar, que l'oncle Sébastien, touché par un malheur personnel, inspirait sans le savoir, au malheur en général, de s'abattre sur Séraphine et moi. (*MPA*, 52)

Cette fois, toute dimension onirique ou mythique a disparu, laissant place à la fièvre, au délire, à l'odeur de remèdes, voire à la peur qui entourent l'agonie de Sébastien, puis à une évocation très physique de sa mort :

> C'est en glissant dans l'un de ces brusques sommeils, encore secoué de délire, que le pauvre Sébastien devait mourir simplement un matin de printemps, son douloureux visage marqué par une expression d'ironie, d'espérance aussi (n'avait-il pas dit à grand-mère Josette, le matin, au réveil, qu'il se sentait beaucoup mieux ?) comme s'il eût succombé à la pneumonie par erreur, étreint par le brûlant vertige qui courait dans son cerveau... (*MPA*, 54)

Quant à l'évocation de la mort de Séraphine, elle s'amorce de façon bien terre à terre :

> Il me fallut entendre l'appel de Séraphine broyée sous les roues de l'un de ces autobus aveugles dont nous nous étions protégées si souvent ensemble, autrefois, aux soirs de brume et de tempêtes, il me fallut voir de près sa mort pour comprendre que je l'avais volontairement perdue. (*MPA*, 63)

On est loin de la superbe ballade allemande développée en contrepoint de la mort de Jean Le Maigre. Pourtant, la suite de l'évocation réoriente complètement cette première lecture :

> [...] je l'avais volontairement perdue, dans une suite de moments distraits qui m'apparaissaient dans une lumière implacable soudain. (*MPA*, 63)

et à la fin de la séquence encore :

> J'avais abandonné Séraphine depuis quelques mois déjà, mais il me semblait qu'elle avait trouvé dans la mort une vengeance éternelle, une trop sévère punition de tous les instants qu'il me restait à vivre sans elle. (*MPA*, 65)

Cette « faute d'oubli » (*MPA*, 63), cause de la mort de Séraphine, en rappelle une autre : celle commise par Bérénice Einberg à l'encontre de son amie Constance Chlore. L'intertextualité est cette fois criante : les facteurs de rapprochements sont multiples[6], jusqu'au lexique lui-même qui se voit convoqué : Séraphine (*MPA*, 63), tout comme Constance (Ducharme, 1982 : 227), meurt *broyée*, sous les roues d'un autobus aveugle, alors que la seconde sera victime d'une auto sortant à reculons d'un sous-sol. La victime avait auparavant (Constance) ou quasi simultanément (Séraphine) attiré l'attention de son amie par un appel, en faisant ainsi bien involontairement un témoin privilégié de sa mort. Pourtant pas plus Bérénice – elle surtout (Ducharme : 226-227) – que Pauline (*MPA*, 64-65) ne manifesteront le moindre signe extérieur ni même intérieur de chagrin. En outre, Bérénice, tout comme Pauline, s'estime responsable de la mort de son amie :

> Faut-il voir comme une simple coïncidence que j'aie désiré la mort de Constance Chlore ? Réponse : non. J'exerçais sur elle de grands pouvoirs, une fascination hypnotique. Je l'ai tuée : je l'affirme froidement, je le crois dur comme fer. Il ne fallait pas qu'elle continue de vivre ; ç'aurait été un blasphème à sa beauté et à sa spontanéité. Elle a senti que je voulais sa disparition. Pourquoi, tout à coup, la vie lui a-t-elle paru si insensée ? Elle s'est supprimée pour me faire plaisir, comme m'pour me faire plaisir elle trottinait derrière moi. Elle s'est fait tuer pour se conformer à un impératif mystérieux issu de ma volonté. On peut assassiner par télépathie, et je l'ai fait. Il m'arrive de rire de la mort de Constance Chlore, sardoniquement, charmée de ma propre puissance. (Ducharme : 227-228)

On se souviendra que les affirmations de Pauline étaient beaucoup moins catégoriques ; il n'était nullement question chez elle d'assassinat par télépathie ; elle se contentait d'imputer la mort de son amie à son indifférence croissante, à ce qu'elle appelle une « faute d'oubli ». Pourtant, par là même, et sans aller aussi loin que Bérénice, elle réintroduit dans la narration une dimension sur/a-naturelle, en laissant entendre que l'inconscient peut avoir prise sur le réel et le modifier : négliger Séraphine, la faire disparaître de son univers mental reviendrait en définitive à la gommer définitivement de l'univers lui-même. Dès lors, l'épisode de la mort de Séraphine, qui s'amorçait sur un ton on ne peut plus prosaïque, se voit tiré par l'intertexte ducharmien vers la sphère de l'étrange.

Mais cette occurrence semble en fait unique dans toute la trilogie. Dans *Vivre ! Vivre !*, en effet, étrange, magie, ou envolées mythiques ont totalement disparu de la peinture des salons mortuaires où Pauline et

---

[6] En dehors même du récit proprement dit, les indices de connivence ne manquent pas non plus : qu'il s'agisse, au seuil du roman de Marie-Claire Blais, de la dédicace qu'elle adresse à Réjean Ducharme (rappelons que le premier volume des *Manuscrits de Pauline Archange* paraît deux ans à peine après *L'Avalée des avalés*) ou de l'estime qu'ils avouent l'un pour l'autre dans leurs interviews.

Séraphine se réfugient pour échapper aux tempêtes de neige (*VV*, 19 et 22) ; ne restent plus que l'évocation du profil de cire, des lèvres vertes et le babillage fort peu respectueux de Séraphine concernant la qualité de l'embaumement. Ailleurs encore (*VV*, 75-86), au constat purement médical du décès de la petite Lucie Beauchemin (9 ans), succède l'émotion et même la révolte de Germaine Léonard. Enfin, c'est apparemment avec beaucoup de détachement que Pauline assiste à l'agonie de sa Grand-Mère Josette (*VV*, 132-134), évoquant son « esprit lourd et sans rêve », « sa grosse tête enfouie dans l'oreiller » et s'indignant qu'à soixante-dix ans elle ne sût même pas lire...

Le troisième volume[7] viendra boucler le cercle, ramenant pour un moment l'oncle Sébastien et la Grand-Mère Josette (*LA*, 13-14 ; cf. aussi l'évocation de la nuit de Noël, 21ss.), mais pour mieux les fondre ensuite dans « la horde des morts » (*LA*, 14). Cette accumulation de morts et de disparitions en tous genres (mort de Sébastien, de Séraphine, de la grand-mère ; éviction du cercle familial de Jacob, puis d'Émile ; mise à l'écart pour cause de maladie ; départ pour le front, pour l'Afrique...) revient comme un leitmotiv dans la trilogie :

> Avec la mort graduelle des êtres et des choses autour de nous, la maladie de Sébastien, le départ de Judith pour le couvent, le mariage d'Alice, nous allions assister à l'agonie des naïves joies et désormais il serait impossible d'être heureux la nuit de Noël. Nous irions encore chez Grand-Mère Josette « pour recevoir la bénédiction du Jour de l'An » mais dans le salon obscur, jadis étincelant de lumière, plutôt que de revoir Sébastien entonnant un cantique au milieu de ses sœurs, il ne resterait de lui dans cette maison qu'une photographie encadrée sur le mur blanc [...]. Quand je passais la nuit chez Grand-Mère Josette, je dormais parfois dans ce salon, près de cette image de Sébastien qui demeurait éveillé pendant que moi je glissais vers la mort, tout en ne cessant de respirer. (*LA*, 28-29)

Elle explique en retour l'apparent détachement de Pauline, la froideur que ne cesseront de déplorer ses proches et qui lui vient d'une appréhension très précoce du vide laissé par le défunt :

> C'est alors, en regardant le drap blanc qui recouvrait l'absence de Sébastien, dans la chambre vide, que l'on avait le cœur serré par un atroce ennui. Était-ce donc ainsi que toute chose aimable était condamnée à périr ? Autour de soi, on pouvait entendre le silence. Chacun était donc encerclé de cette petite agonie noire qui l'accompagnait partout ? Dans un monde aussi cruel, dont toute l'immense cruauté semblait se lever soudain dans votre esprit, en une seule image de destruction meurtrière, il semblait absurde d'aimer Séraphine

---

[7] Blais M.-C. (1970/1981c), *Les apparences*, rééd. Montréal-Paris, Stanké, 1981, coll. 10/10. Dorénavant, pour les citations, on utilisera l'abréviation *LA*., suivie de la référence de page entre parenthèses.

et surtout de la vouloir protéger, quand tant d'hommes mouraient à chaque instant sur la terre, comme non seulement nous l'apprenaient la radio, les journaux, mais aussi les visions sanglantes de tous nos rêves, ces rêves dans lesquels on baignait même à l'heure de sa naissance, le monde étant toujours à feu et à sang. Oui, dans ce monde qui semblait enfanter pour nous un avenir plus ennemi et sanguinaire encore, comment l'amour aurait-il le don de survivre ? (*LA*, 54-55)

En parallèle à la horde des morts, on ne manquera pas d'être frappé par la toute-puissance et l'omniprésence de la maladie : la mère de Pauline, Julia Poire, la famille Carré, Louisette Denis : la théorie des malades qui parcourt la trilogie offre un effrayant contrepoint à la première ; d'autant qu'elle bénéficie en outre d'une technique particulièrement efficace : en effet, cette impression d'anéantissement progressif par la mort ou la maladie résulte non seulement de la multiplicité des cas individuels – le nombre distingue dès lors très nettement les *Manuscrits de Pauline Archange* d'*Une saison dans la vie d'Emmanuel* qui se focalisait essentiellement sur la maladie et la mort de Jean Le Maigre – mais aussi et surtout par une sorte de massification opérée en divers passages où est évoquée la maladie, tel le tableau de la ville envahie par les mouches vertes à l'arrivée de l'été :

> Avec l'approche de l'été, un cortège de maladies rôdaient à nouveau. De grosses mouches vertes s'abattaient partout, aux grillages des fenêtres, sur la nourriture figée et sans goût, contre le visage des bébés dont les tempes fines et mouillées semblaient particulièrement attirer les mouches. Des gamins pâles s'évanouissaient partout, dans les tramways, dans les jardins publics, ils glissaient lentement des bras de leurs mères, atteints sans doute par cette flèche de langueur empoisonnée qui traversait l'air souillé de la ville et dont on sentait l'aride pression dans sa poitrine, jusqu'à l'arrivée de l'automne. Les familles pauvres cherchaient refuge dans les sanatoriums ; l'un après l'autre, tous les enfants de la famille Carré, que je fréquentais beaucoup malgré la défense de ma mère, partaient vers de mystérieux endroits de guérison. (*LA*, 71-72)

Ici, c'est collectivement que l'auteure cerne les victimes, s'appuyant sur un réseau lexical judicieusement choisi : « un cortège de maladies », « de grosses mouches vertes s'abattaient partout », « des gamins pâles s'évanouissaient partout », « les familles », « l'un après l'autre, tous les enfants de la famille Carré ». Ailleurs encore, elle fait défiler en une énumération impitoyable tous les infirmes que compte la famille de Jacob :

> [Jacob] faisait déjà partie, au cœur même de sa famille, de la caste avilie des « infirmes », tristement entouré d'un jeune frère épileptique, d'une sœur sourde et muette, d'une tante souffrant comme lui de la paralysie d'une main, d'une touchante torsion du dos qui les inclinait tous les deux vers la

terre, tenant leur poitrine de cette main broyée par la nature, laquelle savait pourtant faire tant de choses, et enfin, cadeau pervers d'une Providence desséchée par les nombreux cadeaux qu'elle avait faits ailleurs, Jacob avait aussi parmi ses frères et sœurs accidentés de naissance, « un petit frère bleu », comme on l'appelait, n'osant pas accorder un prénom gracieux à une larve qui n'était que laideur, chagrin, culpabilité du monde, peut-être. Ce bébé était le dernier-né, mais la mère de Jacob se consolait en portant, dans son ventre flasque sous la rude chemise de toile qu'elle revêtait en toute saison, le quatorzième embryon d'horreur qu'il eût été préférable de jeter aux ordures, dans la justice de la pitié, mais la pitié n'existant que dans les rêves de Jacob, un autre infirme viendrait au monde, continuant l'innocence du malheur. (*LA*, 77-78)

On observera que cette collectivisation, cette massification opère essentiellement au niveau de la maladie. Si l'on voit bien mentionner « la horde des morts », celle-ci reste, pourrait-on dire, sur un plan purement théorique et ne reçoit guère d'illustration textuelle. Fait d'autant plus étonnant que le discours tenu par l'autorité religieuse semble pourtant vouloir conditionner les fidèles en ce sens :

Avec le mois de novembre, Mère Saint-Théophile sortait du purgatoire tous les défunts ; à chaque grain de neige qui tombait, nous devions reconnaître « une âme de plus entre les mains de Dieu... ». Le sol abondait de ces âmes blanches qui vous mouillaient les pieds. Les lessives, pétrifiées sur leurs cordes de gel, berçaient dans le vent froid des âmes raides, encore vêtues de leur chemise de nuit, d'un pantalon troué dont les jambes s'agitaient avec colère... (*LA*, 107)

Les fillettes opposent cependant à cette tentative de conditionnement des objections de pur bon sens :

C'est des mensonges, tout ça, disait Louisette Denis, y aurait trop de monde au purgatoire et en enfer, je déteste donc ces vieilles folles de sœurs... (*LA*, 107-108)

Si ce processus de collectivisation se heurte donc encore à une zone de résistance en ce qui concerne la mort, le pas sera par contre définitivement franchi avec *Le Sourd dans la ville*[8].

Ce roman se présente délibérément, semble-t-il, comme un roman de la novation. Au plan de l'écriture, tout d'abord : la quasi inexistence de tout signe de ponctuation forte assure à l'ensemble un écoulement continu, en même temps que la virgule fait naître néanmoins une respiration, un rythme indéniables. Marie-Claire Blais met en place cette

---

[8] Blais M.-C., *Le sourd dans la ville*, Montréal, Stanké, 1979. Dorénavant, pour les citations, on utilisera l'abréviation *SV*, suivie de la référence de page entre parenthèses.

écriture rythmée, qui tient autant de la prose que de la poésie, et qui apparaîtra désormais comme sa griffe, ce qu'atteste encore sa toute récente trilogie : *Soifs, Dans la foudre et la lumière* et *Augustino et le chœur de la destruction*. On songe à des auteurs comme Cendrars et Apollinaire, qui choisiront de faire disparaître la ponctuation traditionnelle, dans leurs poèmes *Pâques à New York* et *Zone*, privilégiant le rythme au mètre, et exigeant du lecteur une participation active plutôt qu'une lecture confortable, parce que soigneusement balisée. On pense surtout aux œuvres en « prose » de Cendrars, du bouleversant *J'ai tué*, véritable hapax dans la production littéraire du XXe siècle, à sa veine romanesque : là aussi, la distribution de la ponctuation, non pas aléatoire, mais insolite, bouscule les règles et le lecteur. Cendrars comme Blais sonnent le glas de la phrase comme unité logique (de signification) pour en faire une cellule rythmique – parfois extrêmement brève chez Cendrars, ou au contraire d'une grande ampleur chez Blais – ; tous deux accordent ainsi la priorité absolue à l'élan, au dynamisme ; on parlerait dès lors plus volontiers de phrasé que de phrase.

Dans *Le sourd dans la ville*, la novation s'introduit dans le traitement des thèmes également, en particulier pour ce qui touche à celui de la mort, le roman apparaissant comme une amplification des deux précédents, en quelque sorte une hyperbole.

Judith Langenais évoque pour ses étudiants les morts des camps de Mauthausen (*SV*, 34-38 et 42) et de Terezin (*SV*, 42), le thème soutenant l'œuvre telle une basse continue. De la mort d'un individu unique : Jean Le Maigre (*Une saison dans la vie d'Emmanuel*) à celle d'individus multiples ou du moins pluriels (*Manuscrits de Pauline Archange*), on passe cette fois à celle de dizaines de milliers d'êtres humains – il n'est même plus possible de parler encore d'individus – évoqués comme un tout indifférencié : « 110 000 personnes » (*SV*, 34), « 110 000 victimes » (*SV*, 36), « ceux qui avaient péri là par centaines, par milliers » (*SV*, 42), « des milliers de petits enfants » (*SV*, 78), « le brasier humain qui flambait, jour et nuit on eût dit » (*SV*, 173), « des montagnes de cadavres » (*SV*, 78), « un fleuve de sang » (*SV*, 36 et 163), devenu au fil des années « une buée de sang » (*SV*, 36), « une brume de sang » (*SV*, 37), « une vapeur sanglante, poisseuse » (*SV*, 42).

La négation de l'individu est quelquefois plus totale encore, lorsqu'elle s'appuie sur une évocation non seulement collective, mais aussi synecdochique :

> Les écoliers autrichiens regardaient, touchaient à ces instruments qui avaient lacéré, broyé des corps adolescents, fragiles, taillé la soie de cette chair lumineuse qui était leur main, leur bras, leur joue (*SV*, 36)

Et si la victime est parfois saisie isolément, elle a perdu tout nom, toute caractérisation autre que celle relevant de son statut de victime précisément :

> [...] cette vacillante victime qu'ils poussaient vers l'escalier de la mort osait leur faire peur, à eux aussi, quelque cri touchant, pitoyable, osait venir jusqu'à eux du buisson ardent de leurs tortures et le bourreau qui était sensible, un homme comme tous les autres, un esthète de la douleur, se penchait avec crainte vers ce cou qui ployait doucement entre ses mains, il était là, dans ce brouillard de sang et de plaintes, il était là, le secret de l'agonie, le bourreau si sensible comprenait qu'il deviendrait lui aussi, ce soir ou demain, cette faible victime qu'il avait étourdie de coups et de haine, et il avait peur, dédaignant soudain la perfection de son crime, il prenait sa victime dans ses bras, soupirait en lui caressant la tête : « N'aie pas peur, je n'ai pas l'intention de te faire du mal », et la victime ahurie le regardait avec une dernière lueur de gratitude, cela qui était presque de l'amour (*SV*, 10)

Une autre différence notable par rapport aux deux œuvres précédentes est que la plupart des victimes connaîtront, avant leur propre mort, la séparation d'avec l'être aimé :

> Judith Lange parlait de ceux qu'on avait séparé les uns des autres, la mort était la plus grande des douleurs, mais avant la mort il y avait eu l'agonie de la séparation, très souvent, la mort venait vers vous, aveugle et sourde, même sous l'aspect d'un bourreau aveugle et sourd, mais celui ou celle qui voyait partir sa mère, sa sœur, son enfant, son amour ou quelque partie de soi-même, celui-là vivait, respirait encore et il était affligé par cette lumière de la conscience, la conscience de ce qu'il allait quitter, perdre à jamais [...], et Judith Lange évoquait ces moments de la séparation, quand l'âme se séparait du corps, quand les uns se séparaient des autres, quand l'instrument d'une ultime torture brisait tous les liens, et que le corps égaré s'en allait seul, sous le choc de ce mal plus sauvage que les autres, les mères hurlaient lorsqu'on leur arrachait leurs enfants, privé, assoiffé de celui qu'il était fait pour aimer, notre corps périssait, et même ces victimes déjà désignées pour la chambre à gaz, déjà rongées par la faim et la maladie, se mettaient à trembler, car ces dernières alliances avec le monde, oui, son propre visage, ces alliances allaient les quitter et il ne leur resterait plus rien sur cette terre déjà méconnaissable (*SV*, 37-38)

La gradation que traduit cette troisième étape opère par conséquent sur plusieurs plans : gradation dans le nombre en même temps que dans la cruauté, non seulement physique mais aussi morale. On rejoint l'analyse de Michel Vovelle, concernant l'émergence d'un modèle renouvelé de la mort au XXe siècle.

> [...] les deux guerres mondiales ont marqué très profondément le paysage collectif des attitudes devant la mort. Numériquement même, si l'on va au-delà des grosses évidences [soit quelque dix millions de morts pour

l'ensemble de l'Europe durant la guerre de 1914-1918, et trente-cinq à trente-huit millions d'Européens civils et militaires dans le second conflit mondial], la ponction s'est inscrite durablement sur les pyramides des âges des nations les plus touchées ; il n'est que de considérer par exemple celle de la France, au sortir (et bien au-delà) de la guerre de 1914, comme celle de la Russie à l'issue de la Seconde Guerre mondiale, avec ces étranglements spectaculaires qui scandent les ponctions des guerres, et les répercutent en écho par le phénomène des classes creuses, pour mesurer l'impact durable des conflits. Puis des populations ou des groupes délimités ont été décimés électivement, à un point qui interdit toute reconstitution ultérieure véritable : on songe aux génocides, d'un terme que ce siècle a inventé. Les guerres ont donc pesé lourdement sur l'histoire toute contemporaine de la mort : mais c'est encore plus sans doute par l'impact qu'elles ont eu sur les mentalités collectives, et les idéologies. Quel démenti, en effet, à la lutte patiente et victorieuse contre la maladie, que ces explosions à la fois brutales et préparées de la violence homicide ! Toute une partie des conventions que la société bourgeoise du XIXe siècle croyait avoir forgées durablement – le respect des populations civiles, le code des relations entre combattants – est pulvérisée par la violence assumée de conflits où le nombre de civils tués excède celui des militaires dans la Seconde Guerre mondiale, où l'extermination de masse prend des dimensions jusqu'alors inconnues, où l'expression idéologique par les fascismes d'un projet exterminateur collectif – qu'il s'agisse des juifs ou des Slaves, ou des déficients mentaux –, prend un caractère systématique. Par ces voies, notre siècle, autant que celui des victoires décisives contre la mort, est celui du retour d'un tragique, dont il nous faudra tenter d'analyser les visages. (Vovelle, 1983 : 674-675)

Le Sourd dans la ville apparaît comme l'un d'eux et Judith Lange comme l'incarnation romanesque de ce « travail du deuil collectif » dont parle Vovelle (*Ibid.* : 755).

Ainsi, de l'un à l'autre de ces trois romans, la mort se transfigure, son évocation se faisant de plus en plus réaliste et le nombre de victimes qu'elle touche de plus en plus grand.

Le réalisme, on l'a vu, reste un paramètre constant ; tout est une question de degrés : réalisme magique (au sens défini par Ana María Barrenechea) dans la séquence où les morts viennent harceler Grand-Mère Antoinette – cette coexistence non problématique rappelle à bien des égards l'univers de García Márquez – ; réalisme teinté d'étrange, lors de l'agonie de Jean Le Maigre – la distanciation, la modalisation introduite par l'instance narrative maintient la scène hors du fantastique – ; étrange encore avec la mort de Séraphine, mais dans une moindre mesure car on démarre en plein prosaïsme et ce n'est qu'ensuite que l'intertexte ducharmien vient se sur-imposer, tirant l'épisode dans la sphère de l'étrange ; réalisme dur enfin avec la vision du corps mort –

telle qu'elle s'offre à Pauline et Séraphine au cours des veillées funèbres – ou, sur un plan anonyme et collectif, dans l'évocation des camps nazis.

À travers la chronologie de ces romans de Marie-Claire Blais, on refait de la sorte une histoire de la mort : depuis la mort communautaire familiale, vécue comme un simple rite de passage, jusqu'à la mort collective et anonyme, « l'extermination de masse » évoquée par Vovelle.

Bien sûr, le cadre temporel même des romans explique en grande partie cette évolution : *Une saison dans la vie d'Emmanuel* et les *Manuscrits de Pauline Archange* se déroulent avant la Seconde Guerre mondiale, *Le Sourd dans la ville* après. Mais il ne suffit pas cependant à la résumer, dès lors qu'elle coïncide avec une évolution parallèle au plan de l'écriture, qui se traduit notamment par les jeux sur la ponctuation, l'amenuisement de l'intrigue, la focalisation mise successivement sur différents personnages, etc.

Simultanément, au plan du contenu, le rôle de la religion a complètement disparu du *Sourd dans la ville* : si *Une saison dans la vie d'Emmanuel* et les *Manuscrits de Pauline Archange* visent à évacuer le pouvoir de l'Église, portant le message clérical sur la mort, une fois ce discours, cet appareil éliminé, Marie-Claire Blais peut passer à autre chose ; ce qu'elle fait dans la suite de son œuvre et, notamment, dans *Le Sourd dans la ville*. Ainsi, dans le même temps où le thème de la mort se transfigure au travers des œuvres examinées, nous voyons notre auteure passer de l'ancrage plus québécois que représentent *Une saison dans la vie d'Emmanuel* et les *Manuscrits de Pauline Archange* à une ouverture sur un discours plus universel. Elle se « désenquébécoise » en quelque façon, pour reprendre et développer l'expression de Jean-Marcel Paquette.

De la sorte, la novation amorcée sur le plan des thèmes et de l'écriture dans les deux premiers romans (dénonciation caustique, pouvant aller jusqu'au carnavalesque, de la toute-puissance de l'Église et de la situation pénible d'une frange importante de la population urbaine et rurale) trouve à présent son plein épanouissement ; *Le Sourd dans la ville* illustre donc bien l'amplification thématique et scripturale des deux premiers récits.

Chapitre IV

Réjean Ducharme
L'avalée des avalés (1966)

Bio-bibliographie

Réjean Ducharme apparaît comme un véritable phénomène littéraire, tant par son entrée pour le moins remarquée sur la scène littéraire, due à une « griffe » d'une qualité indéniable, que par sa marginalité et sa volonté affichée de se maintenir à l'écart de toute récupération institutionnelle. Le ton est donné d'emblée par le texte d'autoprésentation figurant sur son premier roman :

> Je ne suis né qu'une seule fois. Cela s'est fait à Saint-Félix-de-Valoix, dans la province de Québec. La prochaine fois que je mourrai, ce sera la première fois. Je veux mourir verticalement, la tête en bas et les pieds en haut. À l'école, j'étais toujours le premier à partir. Je n'y allais pas souvent et j'y restais le moins longtemps possible. [...] J'ai 24 ans. Je n'ai plus tous mes cheveux et toutes mes dents et cela m'écœure. Je ne me suis pas marié une seule fois encore. Les femmes ne veulent pas se marier avec moi. Si elles avaient voulu, je me serais marié tous les jours et, aujourd'hui, j'aurais à peu près 5 768 enfants. S'il n'y avait pas d'enfants sur la terre, il n'y aurait rien de beau.

Le texte liminaire de la réédition Folio poursuit sur le même ton :

> Réjean Ducharme est né en 1941 à Saint-Félix-de-Valoix (Comté de Joliette). Il a fait du stop, du taxi, de la marche, du surplace. Il a publié six romans, fait jouer quatre pièces, scénarisé deux films. Il cherche du travail.

Romancier, dramaturge, auteur de chansons pour Pauline Julien et Robert Charlebois, scénariste, peintre sous le nom de Roch Plante, Ducharme paraît avoir tous les talents. Son œuvre romanesque elle-même est foisonnante ; elle démarre au rythme d'un roman par an : *L'avalée des avalés* (1966), *Le nez qui voque* (1967), *L'Océantume* (1968), *La fille de Christophe Colomb* (1969), *L'hiver de force* (1973), *Les enfantômes* (1976), *Dévadé* (1990), *Va savoir* (1994) ; bel exemple de « ratage » institutionnel, tous seront publiés chez Gallimard, alors que son premier roman, véritable bombe littéraire, avait été refusé par un éditeur québécois – le cas n'est pas unique dans la littérature en langue française, on le sait.

L'écriture carnavalesque dans *L'avalée des avalés*

Ici encore, il paraît vain de chercher à résumer l'œuvre. Le roman se présente comme une tranche de vie, celle de Bérénice Einberg, suivie de l'âge de 9 ans à son adolescence (aux alentours de ses 18 ans). L'intrigue se répartit sur trois lieux : l'île et l'abbaye situées dans la province de Québec, le colombarium de l'oncle Zio à New York, le front israélo-arabe à la veille de la guerre des six jours (1967).

Une approche carnavalesque de l'œuvre de Ducharme semble en revanche susceptible d'en libérer tout le sel. Par le contexte de son émergence déjà : comme celle de Rabelais, elle apparaît à une période de crise, de bouleversement de la société québécoise, soit en pleine Révolution tranquille. Par la non-conformité de ses images, de son écriture, relativement à ce qui se faisait auparavant, ensuite : indéniablement, Ducharme bouscule le mode d'écriture traditionnelle, de manière plus radicale encore que Godbout, comme on le verra au chapitre suivant, car chez ce dernier le joual constitue du moins un repère relativement familier pour le lecteur québécois. En revanche, chez Ducharme, on est confronté à une véritable logorrhée submergeant le lecteur, qui se trouve à son tour « avalé »[1].

À cela s'ajoute l'absence de tout référent clairement identifiable, susceptible de dérouter même le lecteur québécois : il n'y a ici nul ancrage québécois tel celui déplié d'entrée de jeu par Godbout dans les premières pages de *Salut Galarneau !* (et d'ailleurs dès la dédicace à « Maurice Nadeau, celui de Saint-Henri ») ; l'insularité de la famille Einberg la met véritablement hors du monde. L'ancrage montréalais est fugace et tardif :

> Après avoir été incinérée, Constance Chlore a été enterrée dans le magnifique ossuaire de la Hêtraie, à Montréal. (*Av*, 227)

Le dépaysement s'étend jusqu'aux images, totalement neuves, comme l'atteste le début du roman :

> Tout m'avale. Quand j'ai les yeux fermés, c'est par mon ventre que je suis avalée, c'est dans mon ventre que j'étouffe. Quand j'ai les yeux ouverts, c'est par ce que je vois que je suis avalée, c'est dans le ventre de ce que je vois que je suffoque. Je suis avalée par le fleuve trop grand, par le ciel trop

---

[1] Ducharme R. (1966/1982), *L'avalée des avalés*, rééd. Paris, Gallimard. Dorénavant, pour les citations, on utilisera l'abréviation *Av*, suivie de la référence de page entre parenthèses.

> haut, par les fleurs trop fragiles, par les papillons trop craintifs, par le visage trop beau de ma mère. Le visage de ma mère est beau pour rien. S'il était laid, il serait laid pour rien. Les visages, beaux ou laids, ne servent à rien. On regarde un visage, un papillon, une fleur, et ça nous travaille, puis ça nous irrite. Si on se laisse faire, ça nous désespère. Il ne devrait pas y avoir de visages, de papillons, de fleurs. Que j'aie les yeux ouverts ou fermés, je suis englobée : il n'y a plus assez d'air tout à coup, mon cœur se serre, la peur me saisit.
>
> L'été, les arbres sont habillés. L'hiver, les arbres sont nus comme des vers. Ils disent que les morts mangent les pissenlits par la racine. Le jardinier a trouvé deux vieux tonneaux dans son grenier. Savez-vous ce qu'il en a fait ? Il les a sciés en deux pour en faire quatre seaux. Il en a mis un sur la plage, et trois dans le champ. Quand il pleut, la pluie reste prise dedans. Quand ils ont soif, les oiseaux s'arrêtent de voler et viennent y boire. (*Av*, 9-10)

Le déferlement des métaphores, accentué encore par le recours généralisé à la parataxe, déboussole littéralement le lecteur et l'entraîne dans ce flux verbal qui ne prendra fin, de façon tout aussi arbitraire, que par la seule volonté de son créateur.

Les points de référence traditionnels se voient à leur tour balayés. Ainsi le modèle familial est déconstruit d'emblée, en raison de la discorde des parents, donnant lieu à un système éducatif pour le moins surprenant :

> Mon père est juif, et ma mère catholique. La famille marche mal, ne roule pas sur des roulettes, n'est pas une famille dont le roulement est à billes. Quand ils se sont mariés, ils se sont mis d'accord sur une sorte de division des enfants qu'ils allaient avoir. Ils ont même signé un contrat à ce sujet, devant notaire et devant témoins. Je le sais : j'écoute par le trou de la serrure quand ils se querellent. D'après leurs arrangements, le premier rejeton va aux catholiques, le deuxième aux juifs, le troisième aux catholiques, le quatrième aux juifs, et ainsi de suite jusqu'au trente et unième. Premier rejeton, Christian est à Mme Einberg et Mme Einberg l'emmène à la messe. Second et dernier rejeton, je suis à M. Einberg, et M. Einberg m'emmène à la synagogue. Ils nous ont. Ils sont sûrs qu'ils nous ont. Ils nous ont, ils nous gardent. Mme Einberg a Christian et elle le garde. M. Einberg m'a et il me garde. J'ai mis du temps à comprendre ça. Ça n'a pas l'air difficile à comprendre, mais, quand j'étais plus petite, je trouvais que ça ne tenait pas debout, que c'était impossible que mes parents ne puissent pas s'aimer et nous aimer comme je les aimais. (*Av*, 11-12)

Le summum de la déroute est suscité par le bérénicien : un langage créé par et pour un seul locuteur ; par lui, l'insularité de Bérénice confine à l'autisme.

Ainsi l'univers ducharmien, tout comme celui de Rabelais (Bakhtine, 1970 : 18), s'érige délibérément contre les idées toutes faites, les normes, les valeurs religieuses et morales en usage. Ducharme balaie tous les tabous, à commencer par la religion, qu'elle soit judaïque :

> Le rabbi Schneider parle de ceux qui ne craignent pas le vrai Dieu. Il dit que le Dieu des Armées a dit qu'il foudroiera ceux qui ne le craignent pas, qu'Il ne leur laissera ni racines ni feuillage. Si le rabbi Schneider pense que j'ai peur, il se fourre le doigt dans l'œil. Les frissons qu'il me donne, son « Dieu des Armées », ce sont des frissons de colère. Plus il en parle, plus je le méprise. Ils ont un Dieu comme eux, à leur image et à leur ressemblance, un Dieu qui ne peut s'empêcher de haïr, un Dieu qui grince des dents tellement sa haine le fait souffrir. (*Av*, 15)

ou catholique :

> Quand Einberg est parti en voyage, je vais à la messe avec Christian et Mme Einberg. Mais il faut que je ne dise pas un mot. À la messe, c'est comme à la synagogue : c'est beurré de cendre et de sang partout. Avoir la foi, c'est frémir comme un vampire quand on entend parler de sang et de cimetière. Bande d'écumeurs de cimetières ! Je m'arrange pour qu'Einberg sache que j'ai été à la messe. Ça l'écœure… (*Av*, 21)

La famille, on l'a vu, n'est pas davantage épargnée : Bérénice appelle son père Einberg et sa mère Mme Einberg ou Chat Mort (qui deviendra Chameau mort puis Chamomor) :

> Ma mère est comme un oiseau. Mais ce n'est pas ainsi que je veux qu'elle soit. Je veux qu'elle soit comme un chat mort, comme un chat siamois noyé. J'exige qu'elle soit une chose hideuse, repoussante au possible. Ma mère est repoussante au possible. Ma mère est hideuse et repoussante comme un chat mort que des vers dévorent. Que ma mère ne soit pas vraiment comme un chat mort n'a pas grande importance. Il faut trouver les choses et les personnes différentes de ce qu'elles sont pour ne pas être avalé. Pour ne pas souffrir, il ne faut voir dans ce qu'on regarde que ce qui pourrait nous en affranchir. Il n'y a de vrai que ce qu'il faut que je croie vrai, que ce qu'il m'est utile de croire vrai, que ce que j'ai besoin de croire vrai pour ne pas souffrir. Mme Einberg n'est pas ma mère. C'est Chat Mort. Chat Mort ! Chat Mort ! Chat Mort ! (*Av*, 32-33)

Cette haine affichée qu'elle professe à l'égard de sa mère :

> Quand j'étais plus petite, j'étais plus tendre. J'aimais ma mère avec toute ma souffrance. J'avais toujours envie de courir me jeter contre elle, de l'embrasser par les hanches et d'enfouir ma tête dans son ventre. Je voulais me greffer à elle, faire partie de sa douceur et de sa beauté. Venu avec la raison, l'orgueil m'a fait haïr le vide amer qui se fait dans l'âme afin qu'on aime. Maintenant, ce qu'il faut, c'est rompre tout à fait avec Mme Einberg, c'est rendre cette femme tout à fait nulle. J'exècre avoir besoin de quelqu'un. Le meilleur moyen de n'avoir besoin de personne, c'est de rayer tout le monde de sa vie. Ce que j'ai à faire, je le sais : conjurer les puissances que le

monde coalise contre moi, répondre par d'autres attentats aux attentats à la pudeur commis contre moi. (*Av*, 27)

n'est en fait rien d'autre qu'une relation d'amour-haine dont elle parvient difficilement à se garder :

> Malgré la nécessité de la haïr, je suis fascinée par ma mère comme par un oiseau. Je l'admire. À la voir être et à la voir faire, je suis portée à l'imiter, je sens que c'est ainsi qu'il faudrait que je sois et que j'agisse. Je trouve ses yeux beaux, ses mains belles, sa bouche belle, ses vêtements beaux, sa façon de se verser du thé belle. Je la regarde manger comme on regarde un pélican manger. Je la regarde être assise comme on regarde une hirondelle voler. J'ai peur d'elle comme on a peur d'une sorcière. Quand je me surprends à redresser la tête, à me caresser les lèvres ou à fixer les yeux comme ma mère, je me fâche contre moi. C'est une influence, un charme à rompre. C'est l'ennemi à abattre. (*Av*, 31)

L'amour ostentatoire qu'elle porte à son frère Christian participe de la même stratégie, comme l'attestent les lettres outrées, forcées qu'elle lui adresse, dans le but avoué qu'elles soient lues par son père (*Av*, 174-175).

Les notions de patrie et d'héroïsme ne sont guère plus épargnées : à la fin du roman, Bérénice n'hésite pas à se faire un bouclier du corps de son amie Gloria.

En fait, la haine de Bérénice et son rejet de toutes les valeurs reconnues constituent pour elle une réponse à l'agression généralisée du monde qui l'entoure : dès les premiers mots, elle déclare se sentir « avalée » ; elle choisit donc de dresser l'agression personnelle contre l'agression commune. L'un des extraits précédents (*Av*, 27) nous l'a montrée cernant lucidement son évolution : elle découvre précocement la solitude, qui engendre à son tour la peur, elle-même vecteur de haine ou d'indifférence (voir aussi *Av*, 20).

À travers la gradation que dessine le récit, le stade suivant est illustré par le bérénicien, une création imposée elle aussi par la haine :

> Je hais tellement l'adulte, le renie avec tant de colère, que j'ai dû jeter les fondements d'une nouvelle langue. Je lui criais : « Agnelet laid ! » Je lui criais : « Vassiveau ! » La faiblesse de ces injures me confondait. Frappée de génie, devenue ectoplasme, je criai, mordant dans chaque syllabe : « Spétermatorinx étanglobe ! » Une nouvelle langue était née : le bérénicien. J'ai fait des emprunts aux langues toutes faites, de rares. Deux amis qui se sont éloignés l'un de l'autre en forêt ne se voient plus et cherchent à se retrouver, répondent à l'appel l'un de l'autre par un autre appel. « Nahanni » est un appel à un appel. Quand Constance Exsangue m'appelle, je réponds : « Nahanni ! », prolongeant les syllabes, isolant les syllabes. Le bérénicien compte plusieurs synonymes. « Mounonstre béxéroorisiduel » et « spéter-

matorinx étanglobe » sont synonymes. En bérénicien, le verbe être ne se conjugue pas sans le verbe avoir. (*Av*, 337)

L'étape ultime coïncide avec la toute dernière page : la mort de Gloria, en dehors du désir de sauver sa peau, répond à la volonté farouche de Bérénice d'éliminer la violence, la guerre, l'agression.

Bakhtine et la logique des choses à l'envers

Comme le fait observer Bakhtine :

> [la perception carnavalesque] est marquée par la logique originale des choses « à l'envers », [...] par les formes les plus diverses de [...] rabaissements, profanations, couronnements et détrônements bouffons. La seconde vie, le second monde de la culture populaire s'édifie dans une certaine mesure comme une parodie de la vie ordinaire, comme « un monde à l'envers ». (1970 : 19)

Une telle lecture du texte ducharmien nous paraît autorisée déjà par le texte d'autoprésentation cité au seuil de ce chapitre, dans lequel l'auteur proclame :

> Je veux mourir verticalement, la tête en bas et les pieds en haut.

C'est très précisément ce que fera Bérénice lors de la parodie d'enterrement qu'elle inflige au chat de sa mère :

> Avec moi, les chats ne font pas long feu. Je suis le seul être humain éveillé de toute l'île. Le jardinier dort. Les autres sont partis. J'attrape Mauriac II et l'attache par une patte à un pilier du treuil de carrier. Je m'arme d'un bon gourdin et frappe jusqu'à ce qu'il soit raide mort. Je creuse une fosse au milieu de l'appentis du pavillon du jardinier, y dépose le cadavre et, machiavéliquement, l'enterre de façon que la queue dépasse. La queue dépasse, droite comme une queue d'oignon, dépasse, bien en vue, comme un périscope à la surface de la mer, comme la croix du Christ à la surface du Calvaire. (*Av*, 164)

Elle poursuit sur sa lancée, lorsqu'elle va fleurir la tombe de son amie Constance :

> Au pied du tombeau de Constance Exsangue Cassman, avec une truelle, je fiche mes trois douzaines d'ancolies en terre. Je les fiche en terre pétales en bas et racines en l'air, pour qu'elle puisse bien les sentir. (*Av*, 298)

La parodie de mort héroïque à la guerre, sur laquelle se clôt le récit, est du même ordre.

Une question reste ouverte toutefois, concernant la nature de cette parodie : carnavalesque ou moderne, il paraît difficile de trancher :

> Il importe [...] de souligner que la parodie carnavalesque est très éloignée de la parodie moderne purement négative et formelle ; en effet, tout en niant, la première ressuscite et renouvelle tout à la fois. La négation pure et simple est de manière générale totalement étrangère à la culture populaire. (Bakhtine, 1970 : 19-20)

De fait, l'enterrement du chat Mauriac s'accommode mal de l'analyse du rabaissement livrée par Bakhtine :

> Le rabaissement creuse la tombe corporelle pour une *nouvelle* naissance. C'est la raison pour laquelle il n'a pas seulement une valeur destructive, négative, mais encore positive, régénératrice : il est *ambivalent*, il est à la fois négation et affirmation. On précipite non seulement vers le bas, dans le néant, dans la destruction absolue, mais aussi dans le bas productif, celui-là même où s'effectuent la conception et la nouvelle naissance, d'où tout croît à profusion. Ce réalisme grotesque ne connaît pas d'autre bas ; le bas, c'est la terre qui donne la vie et le sein corporel, le bas est toujours le *commencement*. (*Ibid.* : 30)

L'épisode du chat, par sa dimension profondément négative, paraît tirer davantage vers la parodie moderne. Quant à la scène finale, elle est délibérément ambiguë : authentiquement négative dans le chef de Bérénice, qui n'a pas hésité à se faire un rempart du corps de Gloria, elle se voit récupérée, pour le plus grand profit de tous :

> Je leur ai menti. Je leur ai raconté que Gloria s'était d'elle-même constituée mon bouclier vivant. Si vous ne me croyez pas, demandez à tous quelle paire d'amies nous étions. Ils m'ont crue. Justement, ils avaient besoin d'héroïnes. (*Av*, 379)

Seul sans doute l'hommage carnavalesque rendu à son amie Constance échapperait à cette négation pure et simple, dans la mesure où leur amitié s'inscrivait dans le droit fil « des rapports nouveaux, proprement humains » (Bakhtine, 1970 : 19), engendrés par le monde carnavalesque et ardemment désirés par Bérénice depuis son enfance.

Ainsi donc, il convient d'adapter la grille de lecture bakhtinienne pour lui permettre de refléter au mieux le foisonnement de l'univers ducharmien. En tout cas, les affinités avec la vision carnavalesque sont indéniables.

Introduction d'un langage non officiel

La plus évidente est bien évidemment l'introduction d'un langage non officiel ; un trait que l'on retrouvera chez Godbout. Il existe cependant deux différences fondamentales entre le bérénicien de *L'avalée des avalés* et le joual de *Salut Galarneau !* : le premier, on l'a vu, est le langage d'un seul individu, non d'une collectivité ; en outre, il résulte d'une volonté délibérée de rupture avec la communauté.

Prédilection pour la lumière

Le rapport à la lumière permet à Bakhtine de distinguer grotesque romantique et grotesque populaire :

> [le grotesque romantique] a une prédilection pour la nuit. Au contraire, la lumière est l'élément du grotesque populaire : il est par excellence printanier, matinal, auroral. (Bakhtine, 1970 : 50)

Bérénice aime la lumière, à la différence de Chat Mort :

> Chat Mort n'aime pas la lumière. Quand une lance de soleil jaillit de la fente des rideaux et se plante sur le parquet, son visage se tend et s'assombrit. (*Av*, 31)

Le corollaire de la lumière est le rire, remède à la peur :

> Quelle grimace choisirai-je ? Quelle belle question ! Je choisis le rire. Le rire ! Le rire est le signe de la lumière. Quand, soudain, la lumière se répand dans les ténèbres où il a peur, l'enfant éclate de rire. (*Av*, 193)

Thème de la mort-vie

Un thème essentiel du carnavalesque est celui de la mort-vie : comme le fait observer Bakhtine, « la mort est l'autre face de la naissance » (*Ibid.* : 404). Les propos tenus par Bérénice lors du décès de son amie Constance sont exemplaires à cet égard :

> Je n'assisterai ni à son service funèbre, ni à ma [*sic*] mise en terre. Je ne porterai ni le cercueil, ni le deuil. Ils penseront et diront de ma conduite ce qu'ils voudront. Si ma conduite peut les faire endêver, je suis bien contente. À peine au lendemain de ce premier choc avec la mort, il me tarde que le soleil se lève, que la ville s'éveille, que la vie reprenne. Mort, si tu savais comme j'ai hâte de voir ta face en plein soleil, comme j'ai hâte qu'il fasse assez jour pour que tu puisses me voir rire de toi. Constance Chlore est morte et je m'en porte bien. Morte, Constance Chlore ne me dit rien... D'ailleurs, les morts ne sont pas parlants, ils ne disent pas grand-chose à qui que ce soit. Pas de deuil, merci. (*Av*, 227)

Plus cyniquement, la mort de Gloria marque pour elle, tout comme pour Bérénice d'ailleurs, le début d'une vie d'héroïne.

Pouvoir des jurons

Les jurons abondent dans le langage familier de la place publique (Bakhtine, 1970 : 24-26) ; leur pouvoir régénérateur et libérateur n'a pas échappé non plus à Bérénice, qui y recourt volontiers : son juron de prédilection est *Vacherie de vacherie !*

Marginalité et figure du fou

Enfin, pour clore ce tour d'horizon bakhtinien, le recours à un personnage éminemment marginal : celui de Bérénice, n'est pas sans rappeler la figure du fou. Dans l'univers carnavalesque, ce dernier permet de regarder le monde avec d'autres yeux ; mais en outre, il offre la liberté tant intérieure qu'extérieure par rapport à toutes les formes figées officielles et à tous les dogmes (Bakhtine, 1970 : 272). Toutefois, il convient à nouveau de nuancer, dans la mesure où Bérénice est par essence une révoltée ; elle s'érige dès lors contre la société, plutôt qu'en marge ; elle est viscéralement a-sociale. Elle se révèle ainsi beaucoup plus dangereuse qu'un François Galarneau par exemple, dans la mesure où elle a intériorisé la haine et la violence, totalement étrangères au personnage de Godbout. Symptomatique de son caractère asocial est évidemment l'invention d'un langage unipersonnel, dont on peut se demander si l'une des fonctions, outre de permettre à son utilisatrice de créer un nouveau type de rapport au monde, n'est pas dans le même temps de se couper de toute communication avec ses semblables.

La conclusion qui s'impose au terme de ce parcours bakhtinien est donc que, si le roman offre d'incontestables affinités avec la vision carnavalesque, le ton ducharmien s'avère beaucoup plus grinçant que celui de Rabelais ou que celui qu'adoptera Godbout dans *Salut Galarneau !*

Rénovation

La rénovation romanesque initiée par Ducharme résulte essentiellement d'un travail sur le langage. Sa démarche est toutefois différente de celle que suivra Godbout un an plus tard : ce dernier entreprend de surimposer une image du Québec liée désormais au langage, en lieu et place de celle qu'avait contribué à diffuser *Maria Chapdelaine* et qui était ancrée au plan du contenu. Ducharme, quant à lui, mine le langage de l'intérieur, comme le fait observer André Vanasse (1984 : 105).

Ce travail sur les mots s'articule sur différents niveaux. Dans le chef de Bérénice déjà, les mots se voient conférer un pouvoir extraordinaire ; elle n'hésite pas à les surinvestir par refus du réel. Mais cette solution n'est qu'un pis-aller : simple machine à produire du texte, elle n'a aucune faculté de modifier le réel ; elle ne fait que déplacer l'angoisse et la solitude, sans pour autant les annuler.

Un premier indice de ce mode de fonctionnement nous est fourni par l'extrait, déjà cité, dans lequel Bérénice retrace la genèse du surnom Chat Mort, donné à sa mère (*Av*, 32-33). Il illustre le meurtre symbolique de la mère, résultant de l'angoisse et de la souffrance d'aimer éprouvées par sa fille ; mais elle ne parvient qu'à la tuer au niveau du discours : elle est bien obligée de reconnaître que sa mère la fascine (*Av*, 31).

Sur ce nom va ensuite se greffer une justification *a posteriori* par le meurtre de Mauriac. Saisie de haine à l'égard de sa mère qui tente de la consoler (elle se sent délaissée par son frère, épris de Mingrélie), elle fait renaître, par enchaînement de mots, son ancien projet de tuer le chat de sa mère :

> Je la déteste ! Chat Mort ! Chameau Mort ! Chamomor ! Chamomor ! Un vieux dessein regerme dans mon cerveau ébloui de haine, un dessein dont l'exécution me tarde, me démange les doigts, me soulagera, m'arrachera quelques épées du cœur. J'ai vidé le contenu d'une fiole de teinture d'iode dans la sébile d'étain de Mauriac, le chat que Chamomor adore, et je l'ai étendu de lait.
>
> – Minet minet minet minet ! Viens, mon beau petit minou !
>
> Il nourrit certains soupçons à mon égard. Mais il est gourmand comme un ogre et il a reniflé le nectar. Il miaule, en inclinant la tête. Est-ce que je lui promets de ne pas lui faire de mal ? Il s'approche en hésitant. Il sort la langue, rentre la langue, sort la langue, rentre la langue. Il a tout léché. Il s'éloigne en louvoyant. Il donne de la bande comme un possédé. Vlan ! Il est tombé. Il se raidit, palpite, vomit, dresse les pattes, expire. Victoire facile ! Vacherie de vacherie ! (*Av*, 84)

Le texte déplie un nouveau meurtre symbolique par les mots et par délégué animal interposé. Mais, ici encore, il ne résout pas le problème fondamental de Bérénice.

Dans cette entreprise de ravalement du langage, l'intertextualité va dans le même sens : elle permet de dénoncer les stéréotypes langagiers et culturels. Elle étend ses ramifications dans plusieurs directions.

Dans le détournement des proverbes tout d'abord :

> Sans doute, à la rigueur, pourrais-je ramper à leur poursuite. Mais je ne rampe pas assez vite. Rien ne sert de ramper. Il faut partir à poings. (*Av*, 57)

Outre la substitution de *ramper* à *courir*, l'exploitation de l'homonymie *point-poings* nous renvoie bien évidemment à la violence érigée en système de défense par Bérénice ; le jeu de mots est donc beaucoup moins innocent qu'il n'y paraît.

La nuit tous les chats se ressemblent. C'est bien connu. (*Av*, 369)

À nouveau, quand on connaît le sort cruel qu'elle a réservé à l'espèce féline, un sens second, résolument cynique, vient se surimposer au premier.

La subversion touche également les syntagmes figés :

> Dick Dong arrive, sans trombone, ni trompette. (*Av*, 260)
>
> Pas plus bête que lui, je prends la boutade au pied du hiéroglyphe (de la lettre, si vous voulez). (*Av*, 214)
>
> Il y en a qui s'arment de patience. D'autres, comme moi, se mettent des gants de boxe. Il ne faut pas avoir de patience, même de celle dont on s'arme. (*Av*, 112-113)

Cet exemple « file » en quelque sorte la connotation négative et délibérément agressive du premier proverbe.

Ducharme s'attaque aussi aux comparaisons qui tendent à se figer, aux figures de rhétorique qui glissent vers le cliché :

> J'ai le dos froid comme du sucre froid et le visage chaud comme du sucre chaud. Les tempes m'élancent comme du sucre d'orge.
>
> Le monde me colle à la peau comme des poux au cuir chevelu. (*Av*, 214)

Si les ressources convoquées sont de l'ordre du poétique : comparaison dans les deux cas ; couplage renforcé par l'anaphore, puis recours à l'assonance [ã], dans le premier, celles-ci voient leur pouvoir évocateur déconstruit par divers moyens, au besoin quelque peu contradictoires comme dans le premier extrait, dont la teneur informative est annihilée tantôt en raison d'une formulation quasi pléonastique, tantôt au contraire par son allotopie forte ; dans le second, c'est le côté volontairement prosaïque de l'image qui contribue à rompre le charme.

La prière se voit à son tour sollicitée, une technique que l'on retrouvera chez Godbout :

> Je me demande d'une façon obsédante ce que la mère de mon frère et de la sœur de mon frère fait dans sa chambre à coucher à cette heure de la nuit avec un horloger noir qui n'est pas notre père qui êtes aux cieux que votre nom soit sanctifié que votre règne s'en aille. (*Av*, 316)

Tout comme le discours publicitaire, lui aussi convoqué dans *Salut Galarneau !*

> Dick Dong n'est sûr de lui que parce qu'il emploie régulièrement le déodorant « Graisse-à-Cheveux ». (*Av*, 244)

La chanson, tant anglaise que française, est également convoquée :

> Ces types-là, savants éminents ou non, ce sont des cochons ! s'exclame une carrée (« square » en anglais). Si jamais j'en rencontre un dans la rue, je le mets en capilotade.
> *Baby you're so square !* (chanson populaire). Bébé tu es tellement carrée ! (*Av*, 231)

L'ironie vient de la traduction et de la référence entre parenthèses, qui soulignent d'autant plus lourdement le système de référence.

> Avoir un ami lâche, ce n'est rien, c'est bien mieux que d'attraper la scarlatine, que d'avaler de la mort-aux-rats, que de sucer de la naphtaline. (*Av*, 69)

Mais le réservoir le plus vaste est sans conteste la littérature. Clairement indexée comme dans la référence à la chanson anglaise précédente, la source peut être désignée explicitement, par sa mise entre guillemets et la mention du nom de l'auteur :

> « Je rêve tout le temps aux vaisseaux des vingt ans, depuis qu'ils ont sombré dans la mer des Étoiles ». (Nelligan) (*Av*, 29)

La convocation de la figure de Nelligan n'est pas innocente : Bérénice partage avec lui jeunesse, angoisse métaphysique et solitude. Les références à l'auteur pullulent, comme au début du chapitre 81, où Constance scande un vers de Nelligan qui colle particulièrement bien à Bérénice :

> « Nous ne serons pas vieux mais déjà las de vivre ! » (*Av*, 373)

Les classiques français sont successivement appelés à la barre, qu'il s'agisse du héros cornélien :

> Bérénice Einberg, as-tu du cœur ? J'ai plein de peau mais pas de cœur, Monseigneur. (*Av*, 250)

ou de Flaubert :

> Mlle Bovary était amoureuse des bombes et des grenades. On allait boucler une ceinture de grenades autour des reins de Mlle Bovary. Il lui restait un instant pour se faire une raison : elle devint mystique. Mlle Bovary, c'est moi. (*Av*, 329)

L'effet d'une semblable technique : convocation de proverbes, de phrases toutes faites, de formulations clichées, de références culturelles empruntées tour à tour à la littérature, à la chanson, au discours publicitaire, tous désignés explicitement et/ou détournés, est d'entraîner une rupture de ton dans le roman de Ducharme, en même temps qu'une surimposition réciproque de sens : au texte de Ducharme, dans lequel vient s'engouffrer un autre texte, partant un autre discours ; mais aussi au fragment cité ou annexé qui, par son intégration dans un ensemble qui a sa cohérence (*L'avalée des avalés*) et dans une « démonstration » en cours, voit une partie de son sens originel confisquée.

Cette stratégie participe de la même tentative de rénovation, de ravalement de la façade des idées officielles, reçues. Elle convient en outre particulièrement bien à la philosophie générale de *L'avalée des avalés*, telle que l'a appréhendée Patrick Imbert :

> L'attitude de Bérénice Einberg est, de ce point de vue, exemplaire. Tout est rejeté. Il ne reste que l'individu seul face à l'hostilité complète des discours et de l'univers, seul dans son aliénation. Il ne subsiste qu'un désir sauvage et forcené d'être soi-même, de s'affirmer à tout prix en tant que sujet, ce qui est bien différent de la croyance sereine en soi à laquelle essayait de faire croire une littérature reposant sur l'humanisme. Le tragique de l'homme occidental est là, dans la dichotomie totale entre le monde et l'individu qui pousse à l'extrême la conscience de soi, qui valorise sa coupure et qui se vit, de plus en plus, comme un *ego* séparé, totalement désorienté. Cet *ego* survalorisé tente désespérément de survivre alors qu'il se sent en même temps traversé par des courants de discours qui le conditionnent sans cesse, qui l'asservissent et qui l'obligent à vivre, à professer des croyances et à fonctionner selon des modes qui le dégoûtent totalement puisqu'il a l'intuition qu'il serait possible de vivre vraiment autrement. L'être dérape et l'*ego* explose dans une violence complète et destructrice tournée contre soi ou contre les autres. Lorsque la discipline se referme, lorsque les codes se resserrent, lorsque les idéologies ne sont plus que des constructions arbitraires et destructrices, lorsque les organisations sémantiques sont décalées par rapport à une intuition vitale forte, lorsque de plus, celles-ci perpétuent sans vraiment ouvrir sur le nouveau, la crise existentielle prend son essor au cœur des êtres, dont les textes se morcellent en une infinité de fragments, en un manteau d'arlequin bravant le gris bon ton du bourgeois à qui l'on a toujours répété qu'il était cartésien (ce qui reste à démontrer). Le pot-pourri, la citation, l'extrait, les paraphrases, le pastiche sont donc à la fois symptômes et catharsis. Ils sont symptômes de l'arbitraire du discours et de la manipulation de l'individu ; ils sont aussi catharsis puisque celui qui s'y inscrit va essayer de se saisir des codes pour transformer le bigarré en une unité. (1983 : 165)

Cette unité sera rétablie par l'invention du bérénicien : un langage neuf comme réponse à l'inadéquation du langage traditionnel et du monde. La mort de Gloria pourrait aussi être perçue comme facteur d'unité, dans la mesure où elle entraînerait la destruction de la guerre et d'un système de valeurs axé sur la violence ; du moins si l'on fait une telle lecture de la fin, sinon le récit s'achève sur un constat d'échec : la seule « victoire » possible viendrait du langage ; mais, d'une part, celui-ci n'a aucun pouvoir sur le réel, d'autre part, il se définit contre le monde et entraîne donc une marginalisation complète du sujet.

Chapitre V

Jacques Godbout
Salut Galarneau ! (1967)

Bio-bibliographie

Jacques Godbout est né à Montréal en 1933. En 1954, il obtient son diplôme de maîtrise ès arts, à l'Université de Montréal. Il enseignera trois ans le français et la philosophie, à Addis Abeba (Éthiopie). Il travaille comme scénariste et réalisateur à l'Office National du Film. Il fonde la revue *Liberté*, dont il sera directeur un moment. Sa production est abondante et variée : poésie, roman, essai, articles, films, entre autres. Ces derniers offrent un précieux jeu de miroirs avec son œuvre romanesque ; on retiendra notamment : *Deux épisodes dans la vie d'Hubert Aquin, Comme en Californie, Alias Will James* qui aborde la question de l'américanité du Québécois, *Le Mouton noir* (1991) qui traite de la situation morale et politique du Québec, mouton noir par rapport à la Confédération canadienne. Parmi ses nombreux romans et écrits, on pointera plus spécialement *Les têtes à Papineau* (1981), *Une histoire américaine* (1986), *L'écrivain de province. Journal* (1991), les poèmes et proses poétiques de *Souvenirs shop* (1985), ou encore *Le temps des Galarneau* (1993).

Godbout et la rénovation des années 1960

Une nouvelle fois, ce n'est guère dans l'intrigue que réside l'essentiel. François Galarneau a vécu une première liaison avec Louise Gagnon, puis une seconde avec Maryse Doucet ; toutes deux débouchent sur un échec. Son désir d'écriture l'amène à se faire emmurer dans sa maison. La découverte de la *vécriture* lui permettra de sortir de son isolement volontaire.

Chez Godbout, comme chez Aquin, le romancier se fait personnage : le *je* est à la fois narrateur, écrivain et personnage. Ici encore, la réflexion sur la nature et la validité même de l'écriture sont au centre du roman. Une différence sensible apparaît cependant : si Aquin pointe le caractère construit, artificiel du roman, Godbout introduit une dimension nouvelle : le joual, une rénovation linguistique qui rejoint la démarche de Ducharme, dont le bérénicien innovait au plan linguistique également, mais avec un objectif et un ton résolument différents.

On peut dès lors faire l'hypothèse que Godbout entreprend de remplacer la vision stéréotypée du Québec véhiculée, au plan du contenu, par *Maria Chapdelaine* et qui perdure encore dans les années 1960, comme l'atteste, par exemple, la couverture de *Kamouraska* d'Anne Hébert, choisie pour l'édition « Points » de 1970, sur laquelle on voit un traîneau lancé dans la neige. Ici même, les premières pages du récit déplient l'une ou l'autre notation clichée du pays, telle l'évocation de l'arrivée soudaine du printemps[1] (*SG*, 19-20) ou celle d'un personnage décrochant un glaçon du toit pour le mettre dans son gin (*SG*, 47) ; mais de telles scènes tiennent davantage du clin d'oeil. Godbout aurait ainsi choisit de déplacer la vision du pays du niveau du contenu à celui de la forme : désormais le Québec, c'est le joual, une ligne suivie également par Michel Tremblay.

Godbout entreprend de dénoncer toute forme de colonisation, de domination : anglophones riches de Montréal, curés, Américains et société de consommation, Français et impérialisme du bon langage, il fait flèche de tout bois.

Un roman de l'affirmation

Le ton tranche sensiblement sur celui d'Aquin ; si *Prochain épisode* illustre le roman du problématique : le *je* y est en quête d'une triple identité – personnelle, d'écrivain, collective – l'interrogation chez Godbout n'est plus que partielle – les deux premiers paramètres sont encore concernés, en revanche Galarneau assume pleinement son identité québécoise. On vient de le voir, il dénonce toute tentative de récupération française ou américaine ; mais en outre, il pose d'emblée au seuil (au sens donné à ce terme par Genette) même du texte sa revendication québécoise :

Pour Maurice Nadeau,

celui de Saint-Henri

choisit-il pour dédicace. De la sorte, le lecteur un tant soit peu érudit de l'époque, qui pourrait être tenté de songer au critique français spécialiste du surréalisme – d'autant qu'elle est suivie d'une citation d'André Breton – se voit dérouté et remis sur la piste du quartier populaire de Montréal immortalisé par *Bonheur d'occasion*. Godbout y avait tourné

---

[1] Godbout J., *Salut Galarneau !*, Paris, Seuil, 1967. Dorénavant, pour les citations, on utilisera l'abréviation *SG.*, suivie de la référence de page entre parenthèses.

un documentaire, quelques années auparavant : *À Saint-Henri, le cinq septembre* (1962) et Maurice Nadeau était l'un des personnages de ce quartier (Klinkenberg, 1997 : 43).

Dans le roman lui-même, les références au pays vont se multiplier. La plus frappante est sans conteste le nom du personnage principal : Galarneau présente une consonance canadienne française typique ; c'est d'ailleurs également le patronyme du curé dans *Le libraire* de Gérard Bessette. Il sert aussi à désigner le soleil chez bon nombre de Québécois :

> Salut, Galarneau ! Bonjour, Soleil !
> (Jacques à Maryse.) C'est papa qui disait ça en se levant le matin. Il disait : notre père à tous c'est le soleil, il s'appelle Galarneau lui aussi, comme nous. Il nous regarde de là-haut, mais il est de la famille. (*SG*, 58-59)

Enfin, il partage l'initiale de Godbout. Dans le même ordre d'idées, l'un des frères-vampires se prénomme Jacques et l'on ne peut manquer de relever ce clin d'œil :

> [Jacques] fait des textes pour Radio-Canada […], mais vous ne le connaissez pas sous son vrai nom, Jacques Galarneau, parce qu'il utilise en ce moment un nom de plume. (*SG*, 58)

Une lettre de Jacques comporte ce commentaire concernant le papier à lettre d'une Française :

> Son papier était visiblement de moins bonne qualité que celui que j'emploie, c'est justice, mais cela mérite d'être souligné, on n'est pas canadien en vain, les papiers, les moulins, c'est notre force. (*SG*, 16)

Il y dénonce aussi le « drame québécois » : la part de responsabilité imputable à l'éducation jésuite dans l'inhibition des Québécois à l'égard des femmes.

Les jurons (les sacres) sont puisés de manière privilégiée dans le répertoire québécois : « hostie de baptême de destin ! », « stie ! ».

Enfin, on retiendra le salut rituel qu'un personnage adresse à ses familiers :

> Chaque fois qu'un Doucet remonte le chenail, et qu'il arrive à hauteur de la maison paternelle, Virginie Doucet, la grand-mère, court au mât du jardin et hisse la fleur de lys, le drapeau à Duplessis, le drapeau du pays. (*SG*, 79-80)

Dans cette identité non problématique, le bilinguisme et le biculturalisme inhérents au Canada sont pleinement assumés : les références à la France et à l'Amérique se répartissent harmonieusement.

Du côté de la France, on relèvera le prénom du protagoniste : François, ce qui correspond à l'ancienne graphie de *français* et rappelle les racines françaises de bon nombre de Québécois. Dans un roman ultérieur, *Les têtes à Papineau*, Godbout reprend et amplifie le symbole, en prénommant les frères siamois François et Charles.

Cela ne l'empêche pas de décocher quelques flèches à l'ancienne métropole : faisant allusion à « un livre publié à Paris, France » (*SG*, 26), il corrige le parisianocentrisme de certains, en rappelant que pour les Québécois, il existe aussi un Paris en Amérique du Nord (Paris, Texas a d'ailleurs été immortalisé depuis, par un film de Wim Wenders), ce qui pourrait entraîner une confusion.

Il tourne volontiers en dérision les puristes, tel son oncle Léo :

> Il faudrait que je le voie plus souvent, il a pour la langue française les respects d'un homme d'Église. C'est un puriste : pour lui, le français c'est comme un opéra dans lequel il ne peut souffrir de fausses notes. Sacré Léo ! La grammaire c'est Dieu le père et le président des USA tout en même temps. C'est pourquoi il voulait que j'installe une enseigne qui se lise : *Au roi du chien chaud*. Vous voyez ça d'ici ? Je veux dire : c'est quand même un peu ridicule et ça me fait vomir rien que de penser à un chien chaud – servi avec de la moutarde French ou du Ketsup Heinz 57 variétés. (*SG*, 33)

Ailleurs encore, il renvoie à la France, en un véritable jeu de miroirs, ses propres clichés :

> La France, j'y serais bien allé, pour être avec Jacques, pour voir les Champs-Élysées. (*SG*, 14)

Si le Québec, c'est Maria Chapdelaine (une création française, en l'occurrence), rien n'empêche les stéréotypes de fonctionner à double sens.

L'américanisation de la société québécoise ne fait pas davantage problème. Elle est traitée avec les mêmes coups de patte bon enfant ; ainsi, dès la première page, il se moque gentiment des touristes américains qui voient leur premier *native* (*SG*, 13).

La petite madeleine de Proust, les Mistral gagnants de Renaud, ont cédé le pas à une boîte de *Black Magic* (*SG*, 15) ; la porte ouverte sur l'aventure est le *National Geographic Magazine* (*SG*, 19), la littérature d'évasion le *Reader's digest* (*SG*, 28).

Le bilinguisme et le biculturalisme franco-américain est tout à fait intériorisé. On a vu sa préférence pour une enseigne *Au roi du hot dog* plutôt que *Au roi du chien chaud*. Ses références culturelles sont autant Donald Duck que le *Larousse* (*SG*, 31) ; ce qui entraîne parfois l'une ou l'autre entorse à la tradition :

> Je retrouverai mon chemin, je ferai le Petit Poucet, semant des raisins Sun-Maid le long du sentier. (*SG*, 62)

La traduction simultanée fait irruption ici et là :

> Thank you merci, Come again au revoir, Close Cover Before Striking, baissez la tête avant de frapper (SG, 23)
>
> « *push*, poussez ». (SG, 29)

Mais le biculturalisme touche également les parts canadienne et française des Québécois :

> Ça doit être notre côté coureur des bois, ce besoin continuel de partir, et notre côté vieille France celui de revenir et de décaper des meubles de pin jaune dans de grands bacs d'acide, l'été, derrière la cuisine, dans le jardin. (SG, 59-60)

Le carnavalesque chez Godbout

Dans un article de 1984, André Vanasse estime que :

> [les romans de Marie-Claire Blais, Jacques Godbout et Jacques Ferron] s'inscrivent d'emblée dans le carnavalesque (selon les catégories de Bakhtine) par la mise en écho du vulgaire et du sublime. (*Ibid.* : 103)

Cette hypothèse une fois avancée, il ne l'explore pas davantage ; mais il nous paraît intéressant de la confronter plus systématiquement aux thèses de Bakhtine, dans la mesure où ce rapprochement permet une caractérisation stylistique plus fine du roman de Godbout, en même temps qu'il met en lumière une différence sensible de propos et de ton avec un auteur comme Ducharme.

Ici encore, comme pour *L'avalée des avalés*, il ne s'agit pas de plaquer mécaniquement la théorie de Bakhtine, mais de relever quelques affinités significatives. La première, que Godbout partage d'ailleurs tout autant avec Rabelais qu'avec Ducharme, est la non-conformité de ses images et de son écriture par rapport à ce qui se faisait jusque là ; tous trois bousculent dès lors le mode d'écriture traditionnel. Ils parviennent de ce fait à créer « à côté du monde officiel un second monde et une seconde vie » (Bakhtine, 1970 : 13).

Le contexte d'émergence de telles œuvres est lui aussi comparable :

> Les festivités, dans toutes leurs phases historiques, se sont rattachées à des périodes de *crise*, de bouleversement, dans la vie de la nature, de la société et de l'homme. (*Ibid.* : 17)

C'est très précisément le cas de *Salut Galarneau !* et de *L'avalée des avalés*, écrits en pleine Révolution tranquille au Québec.

La fête officielle, parfois même à l'encontre de son intention, validait la stabilité, l'immuabilité et la pérennité des règles régissant le monde : hiérar-

chie, valeurs, normes et tabous religieux, politiques et moraux en usage.
[...]
À l'opposé de la fête officielle, le carnaval était le triomphe d'une sorte d'affranchissement provisoire de la vérité dominante et du régime existant. (*Ibid.* : 18)

Une différence de taille se marque toutefois, c'est que l'affranchissement de la société québécoise est ici définitif, non provisoire, à l'égard de la chape de plomb duplessiste ; elle sort enfin de la Grande Noirceur pour connaître une véritable renaissance. À l'échelle individuelle (et fictive) de Galarneau, l'accès à une « seconde vie » (*Ibid.* : 17) se traduit dans l'avènement de la vécriture.

Introduction d'un langage non officiel

Mais c'est surtout l'introduction d'un langage non officiel qui apparente la démarche de Godbout à celle de Rabelais et d'autres auteurs de la Renaissance : Boccace, Cervantès, Shakespeare ; de fait, l'introduction des langues vulgaires dans la littérature, en lieu et place du latin, à la Renaissance (*Ibid.* : 80-81) peut être comparée à celle du joual (langage du peuple québécois) au lieu du français châtié (celui que prône l'oncle Léo), dans les années 1960.

Blasphèmes et jurons

Outre le contexte d'émergence, divers traits stylistiques apparentent l'écriture de Godbout à celle de Rabelais. Ainsi les blasphèmes et les jurons, déjà rencontrés chez Ducharme : exclus de la communication officielle, ils trouvent tout naturellement leur place dans ce nouveau type de rapports, libérés de la hiérarchie et de la norme, marqué par un nouveau langage. Ils ont un pouvoir libérateur et régénérateur, et sont ambivalents par essence : « tout en rabaissant et mortifiant, ils régénéraient et rénovaient à la fois » (*Ibid.* : 25-26). On l'a déjà signalé au passage, le joual en constitue le réservoir privilégié : « stie » caracole en tête et clôt d'ailleurs le récit, mais aussi « baptême de printemps » ou autre « hostie de baptême de destin ».

Liturgies parodiques

Pour rester dans la même sphère, dans la littérature médiévale existent :

d'assez nombreuses liturgies parodiques (*Liturgie des buveurs*, *Liturgie des joueurs*, etc.), parodies des lectures évangéliques, des prières même des plus sacrées (*Pater Noster*, *Ave Maria*, etc.), des litanies, des hymnes religieux, des psaumes, ainsi que des travestissements des différentes sentences de l'Évangile, etc. [...] Ce genre littéraire quasiment infini était consacré par la tradition et toléré dans une certaine mesure par l'Église. (*Ibid.* : 23)

On en retrouve la trace chez Godbout :

> Je veux dire : on a beau ne plus croire en Dieu, c'est pas une raison pour ne plus croire aux femmes. Je croyais en Louise ma femme bien-aimée qui n'avait pas conçu sous Ponce-Pilate, qui croyait à sa mère toute-puissante la sainte Éloïse, et en Gagnon le propriétaire unique de Lévis. Ainsi soit-il. Amen mes culottes sont pleines. J'avais pleuré en arrivant, je n'allais pas me mettre à chialer en partant. Sacré Galarneau, simple d'esprit, priez pour nous, pauvres pêcheurs d'eau douce. (*SG*, 102-103)

Cris de Paris

Les cris de Paris constituent un des genres verbaux de la place publique :

> Les « cris de Paris » sont la réclame que les marchands de la capitale clament à tue-tête, en lui donnant une forme rimée et rythmique ; chaque « cri » particulier est un quatrain destiné à proposer une marchandise et à en vanter les qualités. (Bakhtine, 1970 : 183)

Ils étaient très importants dans la vie de tous les jours et à ce point populaires qu'ils ont même fini par investir la littérature :

> Le premier recueil des « cris de Paris » composé par Guillaume de Villeneuve date du XIIIe siècle ; quant au dernier, de Clément Janequin, il est du XVIe siècle (ce sont les « cris » de l'époque de Rabelais). (*Ibid.* : 184)

Comme le fait observer Bakhtine, cette tradition exerce une influence indéniable dans l'œuvre de Rabelais. C'est un phénomène semblable que l'on rencontre chez Godbout, au chapitre *G* (*SG*, 143-147), entièrement constitué de slogans publicitaires mis l'un à la suite de l'autre. Ces pages sont parfaitement dans le ton du cri des bonimenteurs de foire, repris notamment par Rabelais ; mais, dans le même temps, elles offrent une pareille ambivalence : à l'instar de toute parodie, elles dénoncent tout en assumant.

Énumérations

Les énumérations abondent chez Rabelais, à tel point qu'on a pu en faire un véritable trait stylistique de son œuvre, ainsi que l'atteste l'expression « énumération rabelaisienne ». Selon Bakhtine, elles rappellent le ton à la fois du bonimenteur de foire, mais aussi du héraut :

> Lors de l'enrôlement des soldats, de la mobilisation, du départ en campagne, le héraut criait à haute voix les différentes sortes d'armes, les régiments (bannières) ; de même on proclamait en public le nom des combattants dé-

corés ou tombés au champ d'honneur, etc. Ces énumérations sonores, solennelles, visaient à en imposer par la quantité des noms et titres, par la longueur même. (Bakhtine, 1970 : 179)

Un écho se fait entendre ici et là dans *Salut Galarneau !* :

Je fais l'inventaire de mon âme : il y a accroché dedans des romans à quinze cents, des agents X-13, des peignes en écaille, des pochettes odoriférantes, des porte-clefs sexés, des ouvre-bouteilles allemands, des capotes anglaises, des couvre-chef en plastique beige dans des enveloppes jaunes, des puzzles carrés avec des chiffres, des décalques de Batman, des plombs pour carabine tchèque, des menthes contre la mauvaise haleine, des saint-christophe aimantés à placer sur un dash, des fleurs de papier japonaises dans des coquilles collées, qu'on laisse éclore dans un verre d'eau chaude, des mouches artificielles pour la pêche, des rêves grands comme l'océan, des envies de partir, de sacrer le camp. (*SG*, 59)

Le ton est plus proche de celui du bonimenteur de foire que du héraut tant par son côté hétéroclite que par l'autodérision qu'il laisse transparaître : rien de solennel ici ; le narrateur se moque gentiment de lui-même, comme un peu plus loin, il se moquera de son grand-père, à l'aide d'un procédé qui rappelle lui aussi Rabelais : l'accumulation de substantifs :

[...] grand-papa Galarneau, barman, hôtelier, ramancheur, boute-leggeur, rabouteur, menteur, beau prince dans son manteau de chat, dans sa Packard grise avec quatre phares en avant de chaque côté du radiateur qui avait l'allure d'une porte d'église. (*SG*, 65-66)

Procédé du coq-à-l'âne

Le procédé du coq-à-l'âne, écrit Bakhtine,

était une forme très appréciée du comique verbal populaire. Il s'agit d'un genre de non-sens comique voulu, de langage lâché en liberté, qui ne tient plus compte de quelque règle que ce soit, pas même de la logique élémentaire. (*Ibid.* : 419)

Un genre spécial est illustré par la fatrasie :

Il s'agissait de poésies formées d'assemblage insensé de mots liés par des assonances ou des rimes, et qui ne possédaient aucun lien de sens ou unité de thème. (*Ibid.* : 419)

Le coq-à-l'âne joue un rôle important chez Rabelais ; ce qui n'a guère de quoi surprendre, dans la mesure où la coexistence de mots en dehors de tout lien logique permet de faire surgir des niveaux de sens insoupçonnés jusqu'alors, même s'ils demeurent passagers.

Bakhtine s'attache à cerner la signification idéologique de ces coq-à-l'âne :

> À une époque où l'on assistait à une cassure radicale du tableau hiérarchique du monde, à la construction d'un nouveau tableau, à un moment où étaient remodelés à neuf tous les anciens mots, choses et concepts, le « coq-à-l'âne » revêtait une importance capitale en tant que forme capable de les affranchir provisoirement de leurs liens de sens, en tant que forme de libre récréation. C'est une sorte de carnavalisation du langage qui l'affranchit du sérieux maussade et unilatéral de la conception officielle, ainsi que des vérités courantes et des points de vue ordinaires. Ce carnaval verbal libérait la conscience humaine des entraves séculaires de la conception médiévale, en préparant un nouveau sérieux lucide. (*Ibid.* : 422)

Une telle approche s'inscrit parfaitement dans la ligne de la quête de vécriture, entreprise par François Galarneau ; mais également de l'avènement d'une nouvelle société québécoise se libérant « du sérieux maussade et unilatéral de la conception officielle » duplessiste, une époque surnommée à juste titre par les Québécois la « Grande Noirceur ». On peut voir une réminiscence du coq-à-l'âne, me semble-t-il, au chapitre *U* (*SG*, 24-27), tout particulièrement dans le passage où le narrateur tourne en dérision l'instruction obligatoire (*SG*, 25-26), en une énumération dont le caractère hétéroclite, parfaitement approprié pour dénoncer le bourrage de crâne, est à peine compensé par la mention récurrente de « [son] idée de faire un livre » encadrant le paragraphe, comme pour le maintenir tant bien que mal sur ses rails.

Thème du fou

Il n'y a pas que les techniques d'écriture qui apparentent *Salut Galarneau !* à l'univers carnavalesque ; les thèmes aussi orientent la lecture en ce sens ; tel le thème du fou, évoqué déjà à propos de *L'avalée des avalés*. Certains enfants du village crient : « Galarneau le fou, Galarneau le fou » (*SG*, 141) ; sans aller aussi loin, force est tout de même de constater qu'il se comporte indéniablement en marginal ; par ailleurs, comme s'il voulait encourager cette interprétation, le narrateur évoque des cas dans sa famille. Le traitement de ce thème rejoint la vieille tradition du fou-sage rappelée par Bakhtine :

> On cherchait la liberté extérieure et intérieure par rapport à toutes les formes et à tous les dogmes de la conception agonisante, mais encore dominante afin de regarder le monde avec d'autres yeux, de le voir d'une manière différente. La démence ou la sottise du héros (évidemment au sens ambivalent des termes) donnait le droit d'adopter ce point de vue. (*Ibid.* : 272)

Polyptyque québécois

Thème du banquet

Le thème du banquet fait l'objet d'un chapitre entier chez Bakhtine (chap. IV). Sa portée symbolique mérite d'être relevée :

> Le manger et le boire sont une des manifestations les plus importantes de la vie du corps grotesque. Les traits particuliers de ce corps sont qu'il est ouvert, inachevé, en interaction avec le monde. C'est dans *le manger* que ces particularités se manifestent de la manière la plus tangible et la plus concrète : le corps échappe à ses frontières, il avale, engloutit, déchire le monde, le fait entrer en lui, s'enrichit et croît à son détriment. [...] il en fait une partie de soi. [...] Cette phase du triomphe victorieux est obligatoirement inhérente à toutes les images de banquet. Un repas ne saurait être triste. Tristesse et manger sont incompatibles. *Le banquet célèbre toujours la victoire*, c'est un trait propre à sa nature même. *Le triomphe du banquet est universel, c'est le triomphe de la vie sur la mort*. À cet égard, il est l'équivalent de la *conception et de la naissance*. Le corps victorieux absorbe le corps vaincu *et se rénove*. (*Ibid.* : 280-282)

Dans *Salut Galarneau !*, cette symbolique laisse une trace dans le mini banquet d'anniversaire du dernier chapitre, une distribution dans le récit déjà significative en soi. En effet, ce n'est pas un hasard si le repas d'anniversaire précède la renaissance de Galarneau : après avoir choisi de s'emmurer au monde, François, grâce à la découverte de la vécriture, se rénove et redevient sociable ; il finira par réintégrer la société. Ce mini banquet, qui ouvre l'ultime chapitre, se distingue toutefois légèrement du banquet rabelaisien, dans la mesure où il se déroule en solitaire, alors que, et Bakhtine y insiste, le manger comme couronnement du labeur est collectif. Il n'en reste pas moins que sa portée est comparable : il marque le triomphe de la vie (vécriture) sur la mort au monde du protagoniste.

Thème de la mort-vie

Corollaire du précédent, le thème de la mort-vie rapproche également l'imaginaire de Godbout de celui de Rabelais. On vient d'évoquer l'emmurement de François qui correspond à sa mort au monde, puis sa renaissance par la vécriture. Une autre remise en perspective bakhtinienne s'avère intéressante à cet égard :

> Chez Rabelais, l'image de la mort est exempte de toute nuance tragique et effrayante. La mort est un moment indispensable dans le processus de croissance et de rénovation du peuple, c'est l'autre face de la naissance. (*Ibid.* : 404)

De fait, au delà de la renaissance individuelle de François Galarneau, c'est à celle de tout le peuple québécois que fait songer la fin du récit :

désormais ce dernier a décidé de s'assumer comme il est, avec une identité qui n'est plus problématique mais sereine.

Prédilection pour la lumière

Cette réconciliation finale est scellée en présence du soleil. Ceci nous ramène à une caractéristique de la vision carnavalesque croisée déjà au détour de l'œuvre ducharmienne : la prédilection pour la lumière. Elle est, ici encore, plus manifeste : indexée d'emblée par le patronyme du personnage principal, Galarneau. Les adresses au soleil ponctuent en outre régulièrement le roman, qui s'achève précisément sur une salutation à celui-ci :

> Le soleil d'automne se lève plus tard maintenant, il se couche plus tôt, mais il monte droit devant la maison, comme une perdrix effarouchée. Il s'assied sur le mur, le soleil, il réchauffe notre carré de sol, il me regarde dans les yeux, il s'inquiétait peut-être de me voir lui préférer l'ombre. On ne s'était pas vus vraiment, depuis le départ de Marise Doucet, je le fuyais, mais plus maintenant, je ne le fuirai plus. [...] on sera deux à se lire, tu peux continuer ton tour de terre, cela va beaucoup mieux, merci [...]. À demain vieille boule, salut Galarneau ! Stie. (*SG*, 158)

Cette prédilection pour la lumière apparente l'œuvre au grotesque populaire, qui entretient un rapport capital avec le temps :

> Toutes les images de la fête populaire étaient placées au service de la nouvelle sensation historique, depuis les simples déguisements et mystifications [...] jusqu'aux formes carnavalesques plus complexes. On assiste à une mobilisation de toutes les formes élaborées au cours des siècles : adieux joyeux à l'hiver, au jeûne, à la vieille année, à la mort, accueil joyeux du printemps, des jours gras, de l'abattage du bétail, des noces, de la nouvelle année, etc., c'est-à-dire toutes les images d'alternance et de rénovation [...] Ces images servent désormais à exprimer les joyeux adieux faits par l'ensemble du peuple à l'époque agonisante, au vieux pouvoir et à la vieille vérité. (Bakhtine, 1970 : 106-107)

Comme pour le thème précédent, une telle description nous renvoie à nouveau à la seconde lecture possible de *Salut Galarneau !* : la fin du récit scellerait l'adieu des Québécois à la Grande noirceur des années Duplessis.

Si l'on revient à présent au point de départ : la question du bilinguisme et du biculturalisme, on mesure l'impact des thèses de Bakhtine sur l'analyse.

> La grande ligne principale de l'œuvre rabelaisienne est la lutte de deux cultures : la culture populaire et la culture officielle médiévale. (*Ibid.* : 433)

Une caractéristique que l'œuvre de Godbout partage avec celle de Rabelais. Mais les affinités ne s'arrêtent pas là.

À une époque de changements radicaux, Rabelais et Godbout ont en commun d'avoir défendu des positions résolument progressistes et d'avoir fait entrer en littérature tout ce qui était facteur de novation, porteur d'avenir : chez Rabelais, il s'agit essentiellement de ce qui relève de l'éducation, du droit, de la science, des mœurs ; chez Godbout, cela se traduit par l'intrusion de la pub et sa consécration littéraire par le biais de la filiation établie avec la littérature médiévale et les cris de Paris. Au plan thématique déjà, la parenté est manifeste.

Au plan du langage, elle l'est également, dès lors qu'ils optent l'un et l'autre pour le langage du peuple, contre le langage officiel ; un choix qui nous ramène au point précédent :

> La langue populaire, englobant toutes les sphères de l'idéologie et évinçant de ce domaine le latin, véhiculait les points de vue nouveaux, les formes nouvelles de pensée (la même ambivalence), les appréciations nouvelles. Car cette langue était celle de la vie, du travail matériel et du quotidien, la langue des genres « inférieurs » (fabliaux, farces, « cris de Paris », etc., dans leur majorité comiques) ; elle était enfin la langue du libre parler de la place publique, tandis que le latin était la langue du Moyen Âge officiel. (*Ibid.* : 462)

Dans le même ordre d'idées, on rappellera aussi l'importance du langage oral dans leur œuvre.

Un autre point de convergence est le rôle privilégié qu'ils accordent au procédé du coq-à-l'âne et à son pouvoir de subversion :

> *La destruction parodique des liens idéologiques et de sens périmés entre les choses et les phénomènes*, voire même des liens logiques élémentaires (alogismes du coq-à-l'âne) revêt une importance particulière. Les choses et leurs noms sont *affranchis des entraves de la conception agonisante du monde, sont lâchés en liberté*. (*Ibid.* : 458)

À l'époque de Rabelais, cette lutte impliquait la langue populaire par rapport au latin, mais aussi les diverses langues populaires entre elles : le français par rapport à l'italien, etc. En ce qui concerne Godbout, la tension se marque, à l'échelle du pays et de l'Amérique du Nord en général, entre l'anglais et le français (le bilinguisme investit le récit), mais en outre le français et le joual.

Un dernier point de l'analyse bakhtinienne nous mènera à la conclusion de ce parcours :

> Les langues sont des conceptions du monde, non pas abstraites mais concrètes, sociales, traversées par le système des appréciations, inséparables de la pratique courante et de la lutte des classes. (*Ibid.* : 467)

Des pages qui précèdent, il ressort que, à une époque charnière, Rabelais aussi bien que Godbout ont fait entrer en littérature la langue populaire véhiculant le quotidien, en même temps que le neuf, et non plus un système quelque peu dépassé, tant au plan linguistique : le latin par rapport au français ou le français châtié par rapport au joual – ou tout au moins au langage commun : « François Galarneau *parle comme tout le monde* », ainsi que le souligne Gilles Marcotte[2] ; qu'au plan social : en l'occurrence, chez Godbout, la défense et illustration des vieilles valeurs canadiennes-françaises périmées à la suite de la Révolution tranquille ; un indice révélateur de ce changement de société est que désormais, le vocable *québécois* remplace l'expression *canadien-français*.

---

[2] À ses yeux, en effet, le joual n'a guère de place dans *Salut Galarneau !* :
« Il y a surtout un langage truffé de *sacres*, d'expression populaires [...] qui reproduit avec une virtuosité éblouissante le tissu de la vie imaginaire du Québécois moyen. [...] Rien à voir avec la revendication brouillonne du *joual.* » (Marcotte, 1976/1989 : 213-215)

CHAPITRE VI

Anne Hébert
Kamouraska (1971)

Bio-bibliographie

Anne Hébert est née en 1916 à Sainte-Catherine-de-Fossambault. Elle fait ses études à Québec. Son père, Maurice Hébert, est un critique littéraire connu. Elle est très proche de son cousin, le poète Hector de Saint-Denys Garneau qui, en 1934, participera à la fondation de la revue *La Relève* ; il mourra en 1943, à l'âge de 31 ans.

En 1939, elle commence à publier des contes et des poèmes dans différentes revues. Entre 1950 et 1954, elle collabore à des émissions radiophoniques de Radio-Canada et entre à l'Office National du Film comme scénariste et rédactrice de commentaires. En 1954, une bourse de la Société royale du Canada lui permet d'effectuer un séjour à Paris, au cours duquel elle se consacre quasi exclusivement à sa carrière d'écrivain. En 1961, grâce à une bourse du Conseil des Arts, elle repart à Paris et vivra désormais alternativement à Paris et au Québec. Elle décède à Montréal, le 22 janvier 2000.

Son œuvre, riche et diversifiée : poèmes, romans, pièces de théâtre, contes, s'est vue consacrée par de nombreux prix, au Canada, en France, en Belgique, notamment ; parmi ceux-ci, on relèvera le Prix des Libraires de France, pour *Kamouraska* (1971) et le Prix Fémina, pour *Les Fous de Bassan* (1982).

Elle fait son entrée littéraire en poésie, avec *Les songes en équilibre* (1942), qui sera suivi par *Le tombeau des rois* (1953), lui-même réédité, augmenté de *Mystère de la parole*, dans un recueil intitulé *Poèmes* (1960) ; on lira également avec intérêt le *Dialogue sur la traduction à propos du « Tombeau des rois »* (1960) ; un nouveau recueil paraît des années plus tard, *Le jour n'a d'égal que la nuit* (1992), puis l'ensemble sera finalement réuni en un volume, *Œuvre poétique* (1950-1990).

Parmi ses romans, on épinglera tout particulièrement *Kamouraska* (1970), *Les enfants du sabbat* (1975), *Les Fous de Bassan* (1982), *Le premier jardin* (1988), *L'enfant chargé de songes* (1992) et *Est-ce que je te dérange ?* (1998).

L'écriture polyphonique dans *Kamouraska*

Une fois de plus, le résumé de l'intrigue, s'il peut être utile, n'est jamais que secondaire.

Au moment où son second mari est sur le point de mourir, de mort naturelle, Élisabeth d'Aulnières, veuve d'Antoine Tassy, épouse en secondes noces de Jérôme Rolland, revit son passé sous forme de fragments de rêves et d'hallucinations : son mariage avec Antoine Tassy, sa liaison avec George Nelson, un amour-passion qui débouchera sur un meurtre, entraînant la fuite de George aux USA et l'arrestation d'Élisabeth ; elle sera libérée sous caution et sa peine purgée par sa servante, Aurélie Caron ; l'extradition du Docteur Nelson n'aboutira pas.

Le roman s'inspire d'un fait divers survenu le 31 janvier 1839 et relaté dans le journal *Le Canadien* du 20 février 1839 (Harvey, 1982 : 187-189). L'affaire avait fait scandale dans la société puritaine de l'époque, à tel point qu'un siècle après on en parlait encore ; ainsi Anne Hébert relate que sa mère lui racontait cette histoire, en une version expurgée, dans son enfance.

Mais, en réalité, l'événement en soi est beaucoup moins important que sa relation elle-même ; Anne Hébert apporte d'ailleurs peu de modifications à la réalité. Ce qui est à l'œuvre est une technique d'écriture chère à la romancière : la vision diffractée, le jeu d'éclairages parfois contradictoires ; de la sorte, il n'y a plus une vérité, mais des vérités qui s'entrecroisent perpétuellement dans le roman ; le procédé sera encore plus abouti dans *Les Fous de Bassan*.

La perspective narratologique s'impose donc tout naturellement dans l'investigation du roman[1], comme le montre notamment l'étude très dense de Robert Harvey (1982), revue récemment par Jaap Lintvelt (2000 : 145-159).

Diversité des instances narratives

Le narrateur omniscient est le premier en ordre d'apparition ; il investit majoritairement les deux premiers paragraphes de ce roman qui paraît s'amorcer comme un récit traditionnel fait à la troisième per-

---

[1] Hébert A., *Kamouraska*, Paris, Seuil, 1970. Dorénavant, pour les citations, on utilisera l'abréviation *K*, suivie de la référence de page entre parenthèses.

sonne, par un narrateur qui en sait plus que ses personnages, dès lors qu'il connaît leurs pensées et leur avenir :

> Mme Rolland attendait, soumise et irréprochable. Si son cœur se serrait, par moments, c'est que cet état d'attente lui paraissait devoir prendre des proportions inquiétantes. Cette disponibilité sereine qui l'envahissait jusqu'au bout des ongles ne laissait présager rien de bon. Tout semblait vouloir se passer comme si le sens même de son attente réelle allait lui être bientôt révélé. (*K*, 7)

Très rapidement toutefois, une seconde instance succède au narrateur omniscient : Élisabeth, qui s'exprime à la première personne :

> Il n'y a plus personne que je connaisse en ville. Si je sors, on me regarde comme une bête curieuse. Comme ces deux voyous m'examinaient ce matin, en revenant du marché. Longtemps ils m'ont suivie des yeux. Je ne devrais pas sortir seule.
>
> La ville n'est pas sûre en ce moment. Plus moyen d'en douter maintenant. On m'observe. On m'épie. On me suit. On me serre de près. On marche derrière moi. (*K*, 7)

Dans le chapitre suivant, une nouvelle instance s'exprime à la première personne : Jérôme Rolland, le second mari d'Élisabeth :

> Il ne faut pas que je boive une seule gorgée quand elle est là. Non. Rien quand elle est là. Elle me tuera. Surtout qu'elle ne me prépare pas mes gouttes elle-même ! Voir le sucre se mouiller, se teindre peu à peu, pendant que cette femme presse le compte-gouttes. Non, non, je ne le supporterai pas. Plutôt mourir tout de suite. (*K*, 15)

Une instance très particulière intervient alors, à la première personne du pluriel. Cette voix collective s'apparente quelque peu au chœur antique, elle pourrait bien illustrer le discours de la rumeur. Sa distribution est tout sauf innocente : elle succède immédiatement à Jérôme Rolland :

> Quelle femme admirable vous avez, monsieur Rolland. Huit enfants et une maison si bien tenue. Et puis voici que depuis que vous êtes malade la pauvre Élisabeth ne sort plus. Elle ne quitte pas votre chevet. Quelle créature dévouée et attentive, une vraie sainte, monsieur Rolland. Et jolie avec ça, une princesse. L'âge, le malheur et le crime ont passé sur votre épouse comme de l'eau, sur le dos d'un canard. Quelle femme admirable. (*K*, 15)

Ainsi s'élabore sous les yeux du lecteur un roman éminemment polyphonique. Mais, fait déroutant, le changement de narrateur n'est jamais signalé ; l'absence d'indices traditionnels déconcerte le lecteur :

> Il aurait fallu quitter Québec. Ne pas rester ici. Seule dans le désert du mois de juillet. Il n'y a plus personne que je connaisse en ville.

Cette dernière phrase paraît correspondre à un monologue intérieur ou, selon la terminologie de Genette, à un discours immédiat :

> *Discours immédiat* : puisque l'essentiel n'est pas qu'il soit intérieur, mais qu'il soit d'emblée émancipé de tout patronage narratif, qu'il occupe d'entrée de jeu le devant de la scène. (Genette, 1972 : 193)
> Le narrateur s'efface ici et le personnage se substitue à lui. (*Ibid.* : 194)

Or force est bien de constater l'absence des deux points et des guillemets, qui indexent généralement le passage au discours immédiat. Il n'y a donc aucun indice dans le texte qui signale un changement de statut de l'instance narrative du troisième paragraphe aux deux précédents ; la distinction fait place à la continuité.

Dès lors, il convient de recourir à d'autres pistes, telle la *deixis*. De fait, la présence d'un *ici*, jointe à celle du *je* et à l'emploi du présent contribuent à dessiner un triangle déictique parfait.

Une ambiguïté demeure toutefois :

> Il aurait fallu quitter Québec.

peut appartenir au discours immédiat du *je*-Élisabeth, mais il peut également relever d'un discours indirect libre ; la tournure impersonnelle *il aurait fallu* peut correspondre à *j'aurais dû*, quant au tour avec infinitif *il aurait fallu quitter Québec*, il peut équivaloir à *il aurait fallu que je quitte Québec* ; enfin, il peut aussi appartenir au narrateur omniscient et être l'équivalent de *qu'elle quitte Québec*.

En remontant dans le texte, l'ambiguïté se propage à la toute dernière phrase du paragraphe précédent :

> Tout plutôt que cette paix mauvaise.

Elle semble relever du narrateur omniscient, qui n'hésite pas à nous livrer les pensées intimes du personnage ; mais elle pourrait aussi fort bien appartenir à Élisabeth.

De même dans le deuxième chapitre :

> M. Rolland regarde l'heure à la pendule sur la cheminée. (*K*, 15)

émane du narrateur omniscient.

> Encore quatre heures avant que Florida n'apparaisse dans la porte, maigre et efficace, un sourire béat sur sa figure ingrate. (*K*, 15)

peut appartenir aussi bien au narrateur omniscient qu'au « monologue intérieur » de Jérôme Rolland, dépourvu de guillemets.

> « Monsieur a bien dormi ? Venez que je vous débarbouille un peu. Et puis il ne faut pas oublier vos petits besoins. » (*K*, 15)

illustre un cas de discours direct, comme le suggère la présence des guillemets, mais qui cède la parole au personnage de Florida, est-ce le narrateur omniscient ou est-ce Jérôme Rolland ? Cette seconde interprétation paraît autorisée par la présence des guillemets, alors que les autres fragments de discours direct sont introduits par le tiret, ce qui semble suggérer en tout cas une différence de statut entre eux.

> Avec Florida on peut être soi-même, malade et répugnant, épouvanté et résigné, plaintif et injuste. Tandis qu'avec Élisabeth ... (*K*, 15)

Ce fragment, comme l'avant-dernier, peut être attribué tant au narrateur omniscient qu'à Jérôme Rolland ; dans ce dernier cas, on serait en présence à nouveau d'un discours immédiat sans guillemets.

> – Tu veux boire ? Tu as besoin de quelque chose ? (*K*, 15)

On se trouve cette fois confronté à un discours direct, signalé par les guillemets, et prononcé par Élisabeth.

> Il ne faut pas que je boive une seule gorgée quand elle est là. Non. Rien quand elle est là. Elle me tuera. Surtout qu'elle ne me prépare pas mes gouttes elle-même ! Voir le sucre se mouiller, se teindre peu à peu, pendant que cette femme presse le compte-gouttes. Non, non, je ne le supporterai pas. Plutôt mourir tout de suite. (*K*, 15)

Ce passage, déjà évoqué, correspond à un discours immédiat (« monologue intérieur ») de Jérôme Rolland ; on peut trouver trace de la *deixis* dans la présence du *je* et l'emploi du présent.

De la sorte, la polyphonie se déploie dès les premières pages, encourageant un jeu d'éclairages variés. Parallèlement, le flou peut naître, favorisé par les divers passages fluctuants.

Par ailleurs, le voisinage privilégié des troisième et quatrième instances narratives, leur apparition successive dans le récit, suggère un lien entre Jérôme Rolland et le chœur. Ainsi Jérôme Rolland, par le geste et la parole, invite sa femme à ouvrir les *Poésies liturgiques* à la page « Jour de colère, en ce jour-là » et attire plus précisément son attention sur un passage souligné au crayon : « Le fond des cœurs apparaîtra – Rien d'invengé ne restera » (*K*, 15-16). Cet acte vient s'adjoindre aux sollicitations extérieures : l'impression de filature ressentie par Élisabeth, la scène de la charrette, notamment, pour catalyser la remémoration, ou plutôt pour déclencher le surgissement (car ce processus est en grande partie incontrôlable par et pour elle) du passé d'Élisabeth, sous forme de rêve-cauchemar. De la même manière, le rappel explicite d'Aurélie Caron a pour effet, voire pour but de :

> Rompre le pacte du silence. Agiter le passé sous son joli petit nez. (*K*, 26)

La parole, désormais libérée, va se donner libre-cours à travers le discours – véritable logorrhée – du *je* ; mais en outre, assez significativement, au niveau du rêve, qu'il s'agisse de demi-conscience ou de sommeil ; autrement dit, quand la conscience et la volonté n'ont plus la moindre emprise sur le sujet, quand elles ne peuvent plus rien refouler.

Ces fragments enchaînent de façon privilégiée avec la survenue du chœur, qui semble incarner tout à la fois la conscience, la mémoire, le remords et la rumeur.

Cette voix collective déshabille les êtres, elle déjoue le langage et l'apparence convenables des personnages :

> Quelle femme admirable vous avez, monsieur Rolland […]. L'âge, le malheur et le crime ont passé sur votre femme comme de l'eau, sur le dos d'un canard. (*K*, 15)

Le choix du mot *crime* plutôt que *mort*, *drame* ou *tragédie* n'est évidemment pas innocent et en dit long sur les pensées secrètes de Jérôme Rolland, voire de la bonne société québécoise.

> Le mari croque son sucre, avec reconnaissance. Il ferme les yeux de fatigue et de gratitude. […] Quelle femme extraordinaire que la sienne. (*K*, 22)

> M. Rolland ferme les yeux. Quelle bonne femme vous avez, monsieur Rolland, attentive au moindre mouvement de la mort, sur votre visage blême. (*K*, 28)

Le chœur, on le voit, est le canal privilégié du discours du refoulé ; ici, de Jérôme Rolland. Le caractère quasi obsessionnel de cette pensée est mis en évidence par la répétition, qui scande véritablement ces différents passages. En outre, on l'a déjà signalé, les interventions de la voix précèdent ou suivent des fragments de monologue intérieur du protagoniste qui vont dans le même sens. De la sorte se voit mis à nu le langage de l'inconscient refoulé, de même que l'envers de la façade des convenances, par ce rappel constant de la culpabilité d'Élisabeth, même si elle a été acquittée (sur la base d'ailleurs du faux témoignage de ses tantes) et qu'elle préserve soigneusement des apparences conformes. Qui plus est, Élisabeth elle-même paraît avoir intériorisé ce discours de la rumeur :

> Coupable ! Coupable ! Madame Rolland vous êtes coupable ! Élisabeth se redresse d'un bond. Prête l'oreille. (*K*, 31)

Comme on peut le constater, la voix fait irruption jusque dans son univers intérieur, au moment où elle s'assoupit, où sa conscience maîtrise moins ses pensées ; c'est-à-dire, en définitive, lorsqu'elle est, comme Jérôme, dans un état second :

M. Rolland murmure distinctement à deux reprises : « Aurélie Caron », « Aurélie Caron ». Élisabeth ne bronche pas. Elle sent son front se couvrir de sueur. Il a le délire, certainement, autrement il n'oserait pas. (*K*, 27)

Ainsi, à l'instar du chœur antique, cette voix met à jour les mécanismes insoupçonnés des choses. Son aspect tant dénonciateur que collectif ira s'accentuant au fil des pages :

> Irréprochable. Vous êtes irréprochable. Mais vous n'êtes qu'une absente, madame Rolland. Inutile de nier. Votre mari se meurt dans une des chambres du premier, et vous feignez de dormir, étendue sur le lit de l'institutrice de vos enfants. Vous entendez des voix, madame Rolland. Vous jouez à entendre des voix. Vous avez des hallucinations. Avez-vous donc tant besoin de distractions qu'il vous faut aller chercher, au plus creux des ténèbres, les fantômes de votre jeunesse ? (*K*, 76)

Si l'on examine à présent la répartition de ces diverses instances narratives au fil du roman, on voit qu'elles coexistent au début, entraînant une vision éclatée, diffractée chez le lecteur : il ne sait qui il doit croire, il lui est difficile de trancher entre ces quatre instances inconciliables.

Ensuite Élisabeth s'impose de plus en plus, à part l'une ou l'autre intervention du narrateur omniscient (à deux reprises) ou du chœur (à six reprises) ; en tout cas, après le premier tiers du roman (*K*, 95), elle se retrouve seule en scène jusqu'à la fin, à deux exceptions près : une ultime réapparition du narrateur omniscient dans les deux dernières pages (*K*, 249-250), combinée à une brève occurrence de ce qui pourrait être le chœur :

> Malfaisante Élisabeth ! Femme maudite ! (*K*, 250)

En dehors de cela, ce sont donc près de deux tiers du récit qui sont assumés par Élisabeth seule. Dès cet instant, il dépend d'elle, il est orienté par elle, ce qui entraîne pour le lecteur une situation qui n'est guère plus confortable que la diffraction initiale (à la différence du narrateur omniscient, auquel on est tenté – même si elle est illusoire – d'accorder une confiance relative). Se pose, en effet, la question de la vérité : le récit n'est pas à l'abri d'omissions, volontaires ou non, ainsi de la nuit du 31 janvier 1839 :

> Il y a pourtant un trou dans l'emploi du temps de celui que je cherche. Moi-même complice de ce vide. Évitant avec soin une certaine heure, entre toutes capitale. Tous ces tours et détours pour éviter Kamouraska, l'anse de Kamouraska, vers neuf heures du soir, le 31 janvier 1839... (*K*, 224)

Il peut également présenter des erreurs d'interprétation, ou encore une importance accordée à certains éléments au détriment d'autres. À cet égard, il est intéressant d'examiner d'un peu plus près les jeux sur le temps opérés dans la narration.

Jeux temporels

Une technique particulièrement efficace consiste à pratiquer une mise à plat des différentes époques par le biais du recours au présent grammatical. Si le récit commence de manière traditionnelle, à savoir au passé – passé simple et imparfait – ce principe ne dépasse guère les deux premiers paragraphes. Au delà, le présent envahit tout et tend à confondre les diverses époques : qu'il s'agisse du présent de la diégèse, en l'occurrence les événements en train de se dérouler rue du Parloir, à Québec, à l'approche de la mort de Jérôme Rolland :

> Mme Rolland, très droite, sans bouger le buste, les mains immobiles sur sa jupe à crinoline, approche son visage de la jalousie, jette un regard vert entre les lattes, prête l'oreille, sous les bandeaux de cheveux lissés. Une bouffée chaude et humide monte de la rue. La gouttière déborde et fait un bruit assourdissant. Dans la chambre au velours épais, aux meubles anglais, une voix d'homme s'enroue et marmonne quelque chose d'incompréhensible, au sujet de la gouttière. (*K*, 12)

une situation qui perdure jusqu'à la fin :

> Jérôme Rolland, calme et doux, trône, appuyé à une pile d'oreillers frais. Dans la chambre, aux volets à demi fermés, flotte une odeur de cierge. Florida plie une nappe blanche, avec des airs de sacristine. Mme Rolland a les yeux bouffis. (*K*, 250)

et qui constitue une modification notable par rapport au temps initialement utilisé par le narrateur omniscient.

Mais en outre, le présent grammatical englobe également le passé de la diégèse : tout le récit fait par Élisabeth à la première personne. Or cette uniformisation, cette égalisation temporelle semble cautionnée – elle n'est en tout cas pas désavouée – par le narrateur omniscient, puisque, on vient de le voir, il réoriente, puis poursuivra jusqu'au bout le fil de son récit (à la troisième personne) au présent, exactement comme Élisabeth. Dès lors, pour le lecteur, il n'existe aucune assise stable, ni du côté de l'instance narrative : Élisabeth est à la fois juge et partie, ni de celui de la chronologie, d'autant que l'on assiste à des allers-retours constants dans la chronologie des événements.

L'ordre du récit est, en effet, lui aussi bousculé : enfance d'Élisabeth, mariage, liaison avec le docteur Nelson, meurtre, procès, remariage avec Jérôme Rolland, tout se mêle. Il en va de même pour les lieux : Sorel, Kamouraska, Québec. Le lecteur est d'autant plus désorienté que, en ce qui concerne le temps, Élisabeth n'hésite pas à recourir à des prolepses (anticipations), alors qu'elle opère en réalité un retour dans le passé diégétique :

> Je n'ai guère le temps de me rendre compte du retour d'Aurélie que déjà le départ de George devient imminent, inévitable. Je dois lui dire adieu à travers une vitre. Désormais, entre nous, il y aura cet écran de verre et de gel. Ton image déformée par le givre et la mort passera de l'autre côté du monde. Good bye, my love. Lorsque tu reviendras, ce ne sera plus toi, ce ne sera plus moi. (*K*, 189)

parfois non sans un certain humour :

> Aurélie me fait fête. Je n'aime pas son sourire malicieux. Elle sait la suite de l'histoire et jure que mes intentions ne sont pas pures.
>
> – Madame sait très bien ce qui va arriver. Inutile de jouer les saintes nitouches. (*K*, 96)

À tous ces éléments s'ajoutent encore des jeux sur la vitesse du récit : tantôt accélérations, tantôt décélérations selon l'importance accordée par Élisabeth aux événements qu'elle relate. Le tableau dressé par Robert Harvey (1982 : 78-79) est révélateur :

Temps de la diégèse	Temps du récit
1819-1835 (0-16 ans) : naissance, enfance et adolescence d'Élisabeth	pp. 42-68 = 26 p.
1835-1837 : mariage avec Antoine Tassy et vie commune à Kamouraska	pp. 69-91 = 22 p.
1837-janvier 1839 (16 mois) : retour à Sorel + liaison avec le docteur Nelson	pp. 95-189 = 94 p.
1839 (10 jours) : voyage aller-retour du docteur Nelson à Kamouraska et meurtre d'Antoine Tassy	pp. 190-241 = 51 p.

Il en ressort une nette prédominance pour tout ce qui correspond à sa liaison avec le docteur Nelson, ce qui en soi n'a rien d'étonnant, mais surtout, pour l'évocation du voyage à Kamouraska : alors que la vie d'Élisabeth de 0 à 19 ans couvre 48 pages, les dix jours de voyage du docteur Nelson en comptent 51. Le voyage est donc bien le fait essentiel du roman.

Intertextualité et polyphonie

La polyphonie se voit renforcée très efficacement par le recours à l'intertextualité.

L'intertextualité biblique et liturgique est la plus sollicitée. C'est déjà un fragment des *Poésies liturgiques* qui révèle d'emblée le manque de confiance de Jérôme Rolland et renvoie Élisabeth à son crime passé :

– Tu vois là, les *Poésies liturgiques* ? La page marquée d'un signet ?

Jérôme observe le visage de sa femme. Celle-ci a ouvert le livre, à la page marquée. « Jour de colère, en ce jour-là. » Un passage est souligné, d'un trait de crayon. « Le fond des cœurs apparaîtra – Rien d'invengé ne restera. » (*K*, 15-16)

Les références ponctuent régulièrement le récit ; sans se perdre dans un relevé exhaustif, on épinglera notamment celles-ci :

Mes hérauts ainsi costumés iront de par les rues glorifiant mon nom. (*K*, 40)

Docteur Nelson, que faut-il faire ? Dites seulement une parole et je vous obéirai. (*K*, 123)

« Mon père pourquoi m'avez-vous abandonné ? » (*K*, 173)

Changée en statue, Véronique fascinée sur le seuil de la porte, au premier étage de l'auberge de Louis Clermont, je réclame en vain un linge doux pour essuyer la face de l'homme que j'aime. (*K*, 218)

Vous parlez en langue étrangère, docteur Nelson. Non, je ne connais pas cet homme ! (*K*, 248)

Ailleurs encore, le docteur Nelson est comparé à un crucifié. Au travers des dernières citations s'élabore peu à peu l'idée que deux sens coexistent dans l'histoire de cette passion : la passion du docteur pour Élisabeth, mais aussi la passion du Christ ; le sacrifice consenti par le docteur (meurtre suivi de sa fuite aux États-Unis) était nécessaire pour sauver leur amour. Malgré la séparation physique, celui-ci perdure et continue à occuper toute l'âme d'Élisabeth.

L'intertextualité littéraire recoupe cette donnée.

Comme si je n'attendais plus que ce signal, j'entre en scène. Je dis « je » et je suis une autre. Foulée aux pieds la défroque de Mme Rolland. Au musée son masque de plâtre. Je ris et je pleure, sans vergogne. J'ai des bas roses à jours, une large ceinture sous les seins. Je me déchaîne. J'habite la fièvre et la démence, comme mon pays natal. J'aime un autre homme que mon mari. Cet homme je l'appelle de jour et de nuit : Docteur Nelson, docteur Nelson... L'absence intolérable. Je vais mourir. Le docteur n'est pas revenu depuis que j'ai mis mes bras autour de son cou. (*K*, 115)

On rejoint l'idée d'une passion débouchant sur une séparation, mais qui entraîne en même temps une rupture, un dédoublement de la personnalité, pouvant confiner à la folie : Rimbaud (« Je est un autre ») et Claudel (les *Cinq grandes odes* : la ménade, la bacchante) se voient convoqués tour à tour. Mais à travers ce thème du dédoublement et du masque, l'intertextualité s'ouvre également à l'univers du théâtre, une veine abondamment exploitée par l'auteure :

Élisabeth d'Aulnières, veuve d'Antoine Tassy, entre en scène, à cet instant précis. Pénétrée de l'inconvenance de son geste. Poussée à la limite extrême du cauchemar. Sans aucun refuge à l'intérieur de soi. Chassée hors de soi. Jetée dehors. (Quittant tout à fait Mme Rolland, sa dignité et sa hauteur.) (*K*, 231)

La mention des trois coups marquant le début d'un spectacle est récurrente :

> La belle-mère, vexée, frappe avec sa canne sur le plancher. Trois coups bien distincts. Nous abandonne à notre destin d'histrions. Se retire. Méprisante.
> – Tout ça, c'est du théâtre ! (*K*, 85)

> La première [petite tante], Justine Latour (qui étend la lessive derrière la maison) signale l'arrivée du médecin en faisant claquer des serviettes mouillées dans le vent. Trois coups distincts. (*K*, 111)

Le champ lexical n'est pas davantage laissé au hasard : *faire semblant, simuler, feindre* :

> Je feins le sommeil. J'imite à merveille une pierre plate et dure. (*K*, 204)

Les thèmes du théâtre, du dédoublement et de la feinte reviennent de manière lancinante au fil des pages : délibérément mis en parallèle avec les figures de dévotes (*K*, 75, 90) ; une pratique soigneusement élaborée et progressivement parfaitement maîtrisée (*K*, 196, 215).

Un art de la simulation qui culmine à la fin du récit :

> Moi-même étrangère et possédée, feignant d'appartenir au monde des vivants. (*K*, 248)

> Je n'ai plus qu'à devenir si sage qu'on me prenne au mot. Fixer le masque de l'innocence sur les os de ma face. Accepter l'innocence en guise de revanche ou de punition. Jouer le jeu cruel, la comédie épuisante, jour après jour. Jusqu'à ce que la ressemblance parfaite me colle à la peau. L'orgueil est ma seule joie, de place en place, tout au long d'un chemin amer. (*K*, 249)

À présent, les pièces du puzzle paraissent enfin s'assembler : jeu sur les instances narratives, mise à plat des différentes époques par la généralisation du présent, variations dans l'ordre ou dans la vitesse du récit, intertextualité, thèmes du dédoublement, de la simulation, du théâtre. Il convient d'y ajouter un autre facteur de structuration important : les rappels et symétries, l'identité appuyée de certaines situations.

L'exemple le plus net est celui des deux voyages : le voyage de noces d'Antoine et Élisabeth, dans le brasier de l'été (6 pages correspondant à 15 jours) auquel répond le voyage de sang, qui mène le docteur Nelson sur les traces d'Antoine, dans la neige et le froid (51 pages pour 10 jours). Les similitudes sont soulignées ; l'attelage est mené par deux chevaux noirs dans le premier (*K*, 71) ; le traîneau tiré par un cheval noir dans le second (*K*, 190). Le sillage qu'ils laissent est lui aussi mis en parallèle :

> J'aperçois, entre mes cils, le nuage de sable que soulève la voiture, sur la route. (*K*, 71)
> Comme je vois bien tout. [...] Les plus petites mottes de neige projetées par les sabots du cheval. Cette espèce de fumée blanche escortant le traîneau. (*K*, 205)

Sans oublier la litanie des patelins traversés (*K*, 74 répondant à 192, 195, 197, 199, 202, 206).

C'est le cas aussi de la situation d'Élisabeth, alitée, entraînant la convocation de divers personnages au pied de son lit ; qu'il s'agisse de sa première entrevue avec le docteur Nelson, à Sorel, ou de la présence de témoins, rue du Parloir à Québec, ou encore rue Sorel.

Le lexique concourt à mettre en valeur cette symétrie : *à nouveau* (*K*, 18, 22, 31) ; de même que le thème des scènes *re*-jouées.

Toutes ces ressources contribuent à rendre perceptible, dans la construction même du récit, l'intériorisation par Élisabeth du conflit entre deux ordres : l'ordre bourgeois, celui des convenances et du puritanisme de l'époque, d'une part ; celui de l'amour, de la liberté, de la révolte et de la passion pouvant aller jusqu'au meurtre, de l'autre. Cette intériorisation forcée, dénoncée par une série de personnages : Jérôme Rolland, le chœur, les témoins, se libère dans le rêve et les états de semi-conscience, comme l'atteste notamment le passage suivant, qui résume bien la situation d'Élisabeth :

> J'attends qu'un étranger frappe à la porte et fasse résonner le bois de la porte. À grands coups de poing. Réclame l'hospitalité pour la nuit. Reconnaître sa voix. Être là, dans l'auberge, en attente de cette voix, à nulle autre pareille. La retrouver plus ronde et gutturale peut-être... Être retournée par le son de cette voix, être remuée, fouillée, ouverte par le son de cette voix, comme si... En réalité l'attendre en vain, toute ma vie, cette voix extraordinaire. La belle tête noire. Mon homme à moi. Le corps engoncé dans les vêtements d'hiver. Se dépouillant. Se dénudant. M'atteignant, dépouillée et dénudée. Traversant pour me rejoindre des couches épaisses de malheur amassé. Le temps ! Des nuages de suie. Le passé franchi, d'un bond prodigieux. Le meurtre et la folie réduits à leurs dimensions raisonnables. Exorcisés. Retrouvant leur poids réel. Non plus vus à travers une loupe à multiples facettes. (La déformation de l'angoisse et de la terreur.) (*K*, 211)

Au terme de l'analyse se dégage désormais l'idée d'une narration faite par une femme qui joue à être conforme. Elle contribue en réalité à dénoncer deux discours difficilement conciliables : le discours reçu, bienséant, des convenances *versus* celui de la liberté et de la révolte, suivre cette voie revient à donner libre cours à sa passion en allant jusqu'au meurtre. La juxtaposition des deux permet de mettre à nu cette conformité que, fondamentalement, on rejette ; en outre, elle donne à voir les lésions psychologiques entraînées par cette situation schizophrénique : le fond de sa personnalité n'est clairement perceptible qu'à travers le rêve, ou plutôt le plus souvent, par le biais de visions de cauchemars. Élisabeth se révèle donc déchirée intérieurement ; son langage est parfois proche de la folie ; l'instabilité est le lot quotidien de cette conscience tourmentée. Ceci explique sa peur, assez contradictoire, de voir mourir Jérôme Rolland, car elle serait de ce fait livrée à la solitude.

Un autre avantage d'une telle technique narrative se dégage encore plus nettement de la lecture des *Fous de Bassan* : la difficulté qui en résulte pour le lecteur de savoir où est la vérité, de trancher en faveur d'un discours ou l'autre, ce qui est en définitive une autre façon de contourner le discours dominant. On aurait là une réponse aux reproches qui ont été adressés à Anne Hébert, à savoir que ce roman, écrit en 1970, ne réserverait aucun écho aux préoccupations du Québec à l'époque ; une telle interprétation s'avère en fait partielle et partiale car le récit indexe, on l'a vu, une lecture qui est parfaitement en accord avec le climat des années 1960 : la dénonciation du conformisme, que celui-ci soit duplessien ou relève du puritanisme en vigueur au siècle précédent. L'univers étouffant mis en place par Anne Hébert ne détonne nullement en regard de ce que la critique louait dans *Le Libraire* de Gérard Bessette.

CHAPITRE VII

Régine Robin
La Québécoite (1983)

Bio-bibliographie

Fille d'émigrés juifs polonais venus en France peu avant sa naissance (1939), Régine Robin quittera à son tour Paris pour Montréal, où elle enseignera pendant plusieurs années à l'UQAM. Elle se situe résolument à la croisée des chemins : sociologue, historienne, spécialiste d'analyse du discours, écrivaine. La quête identitaire est au centre de sa production – une production qui déploie elle-même un large éventail générique : roman *La Québécoite* (1983), essais *Le cheval blanc de Lénine ou l'Histoire autre* (1979), *Le roman mémoriel* (1989), *Kafka* (1989), *Le deuil de l'origine, une langue en trop, la langue en moins* (1993), *Le Golem de l'écriture. De l'autofiction au cybersoi* (1997), nouvelles *L'immense fatigue des pierres* (1996), notamment. On lui cédera volontiers la parole pour rendre à cette œuvre de traversée des frontières sa cohérence profonde :

> L'essentiel de mon travail après 1975 [...] est constitué par une tension entre la mémoire collective et la mémoire culturelle, entre la mémoire-identité et la mémoire qui pulvérise cette identité, qui la transforme en mémoire critique et poétique.
>
> Tout mon travail a été la recherche d'un entre-deux immaîtrisable entre une mémoire de reconquête des racines et un dé-tissage, dé-maillage de cette mémoire, avec pour seul point d'ancrage, la littérature comme territoire, les frontières de l'histoire comme lieu possible ou probable et la mémoire-fiction comme objet et comme écriture. (Robin, 1989 : 101)

Les années 1980 : (re)construire son espace urbain

Dans le dernier quart du XXe siècle, Montréal, tout comme Paris, connaît un même passage de la cité conviviale à la modernité-monde[1], de la métropole à la mégalopole. Cette mutation profonde entraîne, parmi bien d'autres conséquences, une relation complètement modifiée à l'espace et au temps. Ainsi, au plan spatial, si l'on en croit Jean Chesneaux, la rue cesse d'être un lieu de socialité, défini entre autres par ses fonctions d'échange, de relations humaines informelles, de vie collective. Elle disparaît au profit d'axes véhiculaires où l'on ne fait plus que passer, l'équipement urbain ne visant plus qu'à accélérer la circulation, le mouvement, le passage (Chesneaux, 1989 : 13). Le temps de la modernité, quant à lui, se contracte dans l'immédiat ; l'instantané devient un véritable impératif moral, l'urgence une idéologie. La vitesse est le critère supérieur de performance pour les engins comme pour les gens, et Jean Chesneaux donne en exemple la devise du TGV : *Gagner du temps sur le temps* (*Ibid.* : 15-16). Ce repli sur le présent affecte notre sensibilité personnelle, dégrade nos perceptions collectives. Nous perdons le sens de l'appartenance à une succession de générations enracinées dans le temps et donc se prolongeant dans le futur. La modernité est amnésiante, l'homme moderne est en état d'apesanteur historique (*Ibid.* : 206-207).

Cette relation complètement modifiée à l'espace et au temps est largement répercutée dans la littérature québécoise, que l'on songe aux romans de Francine Noël ou encore au best seller de Yves Beauchemin, *Juliette Pomerleau* – pour ne retenir que des intrigues mettant au premier plan une figure féminine. Il y aurait beaucoup à en dire, pour ce qui touche à notre problématique[2] ; toutefois, et malgré le plaisir indéniable que suscite la lecture de tels textes, on ne peut s'empêcher de faire siennes les réserves émises par Régine Robin à propos de cette veine littéraire :

> Du « Matou » à « Maryse » et « Myriam 1ère », on voit la constitution d'une littérature « nationale-populaire », presque au sens gramscien du terme. Il s'agit de prendre la place du marché français ou du marché américain dans le marketing littéraire. [...]
>
> Le problème c'est le statut du littéraire là-dedans, de la « littérarité ». K. Kraus voyait comme principal danger dans l'Allemagne du début du siècle, la contamination de la langue par du pur journalistique et du communicationnel, dans la mesure où la langue perd ses dimensions autonomes, sa

---

[1] Cette expression est reprise à Jean Chesneaux, *Modernité-monde*, Paris, La Découverte, 1989.
[2] À ce propos, cf. notamment Frédéric, 1991, 1992a et Fensie, 1990, 1992.

matérialité signifiante et dans la mesure où le texte perd sa polyphonie, sa multivalence, son pouvoir d'inquiétante étrangeté. (Robin, 1989 : 176)

Tous ces romans, pour attachants qu'ils soient, gagneraient à être élagués considérablement ou, du moins, ils ne perdraient rien à être recentrés sur le travail de l'écriture : davantage de densité ne peut que donner plus d'épaisseur à des textes qui parfois se distendent jusqu'à faire perdre le fil de la lecture ou, en tout cas, le goût de le suivre.

Le roman de Régine Robin *La Québécoite*[3] réserve pour sa part un large écho à la modernité-monde, aussi bien au plan des thèmes qu'à celui des techniques d'écriture. Chez elle, le « dé-tissage », le « démaillage » de la mémoire n'entraîne nullement ceux du texte.

Au plan thématique, l'ouvrage est tout à fait emblématique, dans la mesure où la protagoniste est en proie à une double désorganisation spatio-temporelle : celle inhérente à la métropole moderne qu'est Montréal, en passe de devenir une mégalopole sans âme ; mais aussi celle qui tient à sa condition d'immigrée confrontée, comme elle le dit dès les premières lignes, à « la nuit noire de l'exil », à « l'Histoire en morceaux » (*LQ*, 45).

Jean Chesneaux (*Ibid.* : 172-173) n'hésite pas à mettre la modernité en liaison avec la notion de *dé-solation* avancée par Hannah Arendt. Pour cette dernière, la désolation est :

> L'expérience d'absolue non-appartenance au monde, qui est l'une des expériences les plus radicales et les plus désespérées de l'homme.
>
> La désolation [...] est étroitement liée au déracinement et à l'inutilité dont ont été frappées les masses modernes depuis le commencement de la révolution industrielle et qui sont devenus critiques avec la montée de l'impérialisme à la fin du [XIXe siècle] et la débâcle des institutions politiques et des traditions sociales à notre époque. Être déraciné, cela veut dire n'avoir pas de place dans le monde, reconnue et garantie par les autres ; être inutile, cela veut dire n'avoir aucune appartenance au monde. [...]
>
> La désolation n'est pas la solitude. Celle-ci requiert que l'on soit seul, alors que celle-là n'apparaît jamais mieux qu'en compagnie. [...] l'homme désolé se trouve entouré d'autres hommes avec lesquels il ne peut établir de contact, ou à l'hostilité desquels il est exposé. [...]
>
> Ce qui, dans le monde non totalitaire, prépare les hommes à la domination totalitaire, c'est le fait que la désolation, qui jadis constituait une expérience limite, subie dans certaines conditions sociales marginales, telle que la vieil-

---

[3] Robin R., *La Québécoite*, Montréal, Québec/Amérique, 1983. Dorénavant, pour les citations, on utilisera l'abréviation *LQ*, suivie de la référence de page entre parenthèses.

lesse, est devenue l'expérience quotidienne des masses toujours croissantes de notre siècle. (Arendt, 1972 : 225-232)

La protagoniste de *La Québécoite* est confrontée, durant la majeure partie de la narration, à l'état de désolation, au déracinement, à la privation de sol, qui guettent l'homme moderne. Les seules issues possibles sont l'enracinement dans l'Histoire – incarné par la figure du vieil écrivain asthmatique – ou la restauration de la solidarité, que celle-ci vienne du sentiment d'appartenance à une communauté – Mime Yente et ses racines juives qu'elle transplante avec elle –, de la volonté d'œuvrer à l'avènement d'une société plurielle qui remplacera la « ville d'exils juxtaposés » dont parle la narratrice, ou encore de l'engagement politique.

Toutefois cette (recon)quête de racines ne se réalise qu'au terme d'un parcours ardu, qui constitue précisément le fil du récit.

Pour la narratrice, la tâche première est de parvenir à appréhender la réalité complexe de la mégalopole moderne et de la restituer par le biais d'une écriture appropriée. Dans une précédente étude (Frédéric, 1991), il nous a été possible de retracer l'élaboration progressive de cette quête grâce à l'examen de ce qui apparaît comme un trait stylistique récurrent dans l'œuvre : l'énumération. Cette piste est d'ailleurs signalée d'entrée de jeu par la narratrice :

> Il fallait faire un inventaire, un catalogue, une nomenclature. (*LQ*, 18)

Par cette démarche, Régine Robin s'inscrit dans une filiation littéraire très ancienne :

> Se réduisant volontiers, dans certains cas, à une simple liste ou juxtaposition de termes, la description est, peut-être, une forme plus élémentaire, plus fondamentale – plus ancienne, risqueraient même certains – que beaucoup d'autres formes littéraires ; l'énumération, le catalogue, le recensement, l'inventaire, structures simples et utilitaires attestées aux plus lointaines origines de l'écriture, peuvent en effet passer pour des incarnations du type descriptif et entretiennent sans doute des liens privilégiés avec certaines formes d'autorité, ou testimoniales, quasi juridiques, de référence au réel. [...] Faire un inventaire n'est jamais une activité gratuite et la description est donc, avec la *dénomination* (le nom, propre ou commun, qui met une étiquette sur les choses) et la *désignation* (le geste de l'index, les déictiques), l'un des principaux moyens sémiotiques dont dispose l'homme pour dire le réel et le maîtriser. (Hamon, 1991 : 5-6)

Mais de plus, par cette tentative de recensement, la narratrice rejoint la démarche testimoniale de la relation de voyage. Réal Ouellet, notamment, pointe le fait que les relations des premières entreprises de colonisation présentent souvent des énumérations des lieux parcourus, de longues listes d'arbres ou d'oiseaux ; celles-ci correspondraient entre autres à une première prise de possession d'un pays (Ouellet, 1999). Il ne nous semble pas de l'ordre de l'affabulation d'émettre l'hypothèse qu'à des siècles d'intervalle, confrontée à une situation partiellement comparable, *La Québécoite* renoue avec cet objectif. Il y aurait, ici encore, tentative de balisage, d'appréhension d'un territoire inconnu, le même d'ailleurs qu'eurent à s'approprier les pionniers de la Nouvelle-France.

Deux grands types d'énumérations ont pu être dégagés dans le roman.

Le premier est formé de séries à caractérisation nulle : simple relevé de stations de métro, défilé d'annonces publicitaires, de commerces en tous genres, retranscription de cartes de restaurants, etc.

>   CITY   DISTRICT   SAVING   BANK
>   SUTTON PASTRY   DELICATESSEN
>   CHARCOAL   STEAKS   RESTAURANT
> BROADWAY GROCERY MONSIEUR HOT DOG
> CANADA DRY   ROYAL BANK
>   TORONTO   DOMINION
>   BCN
>   CANTOR'S   BAKERY
>   HITASHI
>   PEPSI
> CINEMA KENT
>   CROWN CARPET
>   TCHANG KIANG   restaurant chinois
>   PERRETTE
>   SOUVLAKI
> TITO EXPRESSO   BAR
>   PRIMO
>   HANDY   ANDY quincaillerie

On dirait N.Y., le N.Y. du pauvre, délabré. Mon N.Y. à moi. Celui de mes parents imaginaires arrivés à Elis Island dans les années 1920. (*LQ*, 62-63)

Elles sont les plus proches incontestablement du catalogue, de l'inventaire nu, de la nomenclature sèche. Dans le même temps, par leur sécheresse même, elles servent à dénoncer sans détours la société de consommation montréalaise d'abord, la rage immobilière qui frappe Paris ensuite :

La France aussi
une colonie.
La France des petites places des vieux quartiers.
Des coins de rues aujourd'hui disparus
de l'apéro, du pastis, et du calva sur le zinc.
Aujourd'hui
    Carrefour
        Mammouth écrase les prix
        Europe 1 c'est naturel
        Mettez un tigre dans votre moteur
La France des hauts de Belleville
Le Paris des appartements à
285 000 F : 50 m² charmant deux pièces
2 300 000 F magnifique appartement de 180 m² dans l'Île Saint-Louis
375 000 F beau deux-pièces dans le XIVe.
La France paumée
    assassinée
avec des graffitis antisémites sur les murs du métro
Pleure pas tout est fini
ville schizophrène
    sans feu
    ni lieu
Espace nomade. (*LQ*, 86)

Ceci ressort d'autant plus si on les met en regard du second type d'énumération, nettement plus étoffé et diversifié :

> Chevaleret. Place d'Italie avant l'éventrement du quartier. Les petits bistrots autour de la place, l'entrée d'un magasin, la rue Bobillot où la petite allait faire de la poterie le jeudi, je crois. Il y a si longtemps. L'atelier était au fond d'une cour. C'était encore le Paris des artisans. Il y avait des cours intérieures, des maisons basses aux toits biscornus. C'était avant les grandes tours et les supermarchés. Au fond de la cour il y avait un jardin avec de la menthe et de la marjolaine. On entendait les machines du tailleur à côté et un ferblantier un peu plus loin. La vie a passé depuis. Corvisart. Glacière. Il fallait descendre à la Glacière, prendre la rue du même nom jusqu'au carrefour Reille, prendre la rue de la Colonie pour arriver à la place de l'Abbé Henocque. Cette place si calme, si ombragée. C'est là qu'ils ont tué P. Goldmann – les souvenirs du juif polonais né en France s'arrêtent là. UN JUIF POLONAIS ASSASSINÉ EN FRANCE. Tu te souviens de cette douleur violente quand tu appris la nouvelle. Autour de la Place, il y a des vieil-

les maisonnettes bordées de jardinets. On y serait bien dans cette maison. (*LQ*, 99)

Caractérisation abondante, alternance d'énumérations et de descriptions, multiplication des notations temporelles et spatiales, intrusion du pittoresque et de la subjectivité, tout concourt à accentuer le contraste avec le premier type.

La conclusion qui s'est alors imposée est que le clivage décelé entre séries du premier type et séries du second recouvre la distinction entre *brave modern world*, mégalopole moderne privée d'âme d'une part, cité conviviale, métropole au sens étymologique de « ville-mère » de l'autre (Frédéric, 1991 et 1992a).

C'est pourtant à force de se colleter avec cette modernité-monde que la narratrice parviendra à se l'approprier ; grâce à ces balises, la rue montréalaise finit par retrouver au fil des pages ses fonctions d'échange :

> [ils] se baladeraient dans le quartier, autour du parc Jarry, ou le long de la Main descendant jusqu'à Beaubien, Rosemont, voire Laurier, rencontrant des amis italiens, latino-américains ou québécois. (*LQ*, 179)

ou encore :

> ils aimeraient marcher dans la ville à l'écoute de ses langues, de ses métamorphoses, de ses bruits [...]. Ils ne se sentiraient totalement eux-mêmes qu'en marchant, en traversant les différents quartiers. (*LQ*, 183-184)

Même lorsqu'elle quitte Montréal pour Paris :

> Tu n'iras plus déambuler sur l'avenue du Parc à la recherche d'un ami grec rencontré autrefois à Delphes faisant le boniment pour les touristes. Tu n'iras plus sur Saint-Urbain ou sur la Main entendre la langue rude de Janos, Janos de la colline des roses et de l'île Marguerite. (*LQ*, 198)

La relation que la protagoniste établit avec la rue, et par-dessus celle-ci (hyperonymiquement, en quelque sorte) avec la ville, est fondamentalement différente de celle rencontrée dans *Bonheur d'occasion*. Pour cerner cette différence, une piste précieuse nous est fournie par l'ouvrage de Walter Benjamin, *Paris capitale du XIXe siècle* :

> Balzac est parvenu à donner un caractère mythique à son univers grâce à certains contours topographiques. Paris est l'assise de sa mythologie – Paris avec ses deux ou trois grands banquiers (Nucingen, du Tillet), Paris avec son grand médecin Horace Bianchon, avec son entrepreneur César Birotteau, avec ses quatre ou cinq grandes cocottes, avec son usurier Gobseck, ses quelques avocats et militaires. Mais ce sont surtout les mêmes rues et les mêmes recoins, les mêmes lieux et les mêmes angles qui forment l'arrière-fond devant lequel les figures de cet univers apparaissent. Qu'est-ce à dire,

> sinon que la topographie donne le plan de cet espace mythique de la tradition, comme des autres, qu'elle peut même en devenir la clé ? [...]
>
> Construire topographiquement la ville, dix fois, cent fois, à partir de ses passages et de ses portes, de ses cimetières et de ses bordels, de ses gares et de ses..., exactement comme jadis elle se définissait par ses églises et ses marchés. (Benjamin, 1989 : 108)

Ainsi Balzac plante délibérément le décor de sa *Comédie humaine* ; le romancier devant être comme Dieu envers sa création, il n'hésite pas à manipuler ses personnages dans un décor soigneusement agencé au préalable. L'hypothèse de Benjamin se vérifie encore dans *Bonheur d'occasion* : la ville s'y définit non par ses églises et ses marchés, mais, on l'a vu, par ses cafés, ses quartiers échelonnés jusqu'au fleuve et son chemin de fer ; les velléités démonstratives que l'on sent poindre resserrent encore la filiation entre Roy et Balzac. Les personnages, ici encore comme chez Balzac, subissent la ville ou, plus exactement, ils subissent le flot des événements (la Crise des années 1930 et l'entrée en guerre du Canada) dans la ville.

Dans les années 1980, en revanche, s'opère un changement de plan radical. Que le roman *La Québécoite* construise topographiquement la ville, chacune de ses pages le dit à suffisance[4]. Le titre des trois parties déjà donne le ton d'entrée de jeu :

Snowdon

Outremont

Autour du marché Jean-Talon

Les pages mêmes du roman sont jalonnées, voire scandées par les énumérations de stations de métro, de commerces, de banques, etc. Néanmoins, une différence capitale apparaît : cette fois, la protagoniste qui déambule dans la ville s'efforce de la comprendre, de la maîtriser. Autrement dit, contrairement à ce qui se passait chez Balzac et Roy, le personnage a cette fois un rôle pleinement actif : il s'efforce de construire son espace urbain, précisément par ses pérégrinations à travers les rues et le relevé systématique qu'il fait des commerces, cartes de restaurants et autres :

> Noter toutes les différences, faire un inventaire, un catalogue, une nomenclature. Tout consigner pour donner plus de corps à cette existence. Tes menus faits et gestes. Tes rencontres, tes rendez-vous, tes itinéraires. Ne rien oublier. (*LQ*, 149)

---

[4] Voir aussi ce que dit Régine Robin elle-même de la structure du roman, dans *Le roman mémoriel* (Robin, 1989 : 130ss.).

Et plus loin :

> Noter toutes les différences. Tout cela finirait bien par donner de la réalité, tout cela finirait bien par lui faire comprendre le Québec, et Montréal et le parler d'ici, tout cela finirait bien par prendre la configuration d'une nouvelle existence. (*LQ*, 185)

L'analyse l'a montré (Frédéric, 1991) : l'utilisation très particulière faite par Robin de la figure de l'énumération épouse parfaitement cette (com)préhension progressive de la ville. Mais, plus étonnant encore, la figure féminine centrale de *La Québécoite* a en réalité un rôle doublement actif : elle se révolte tout à coup contre la narratrice et lui impose à son tour sa vision des choses et de la ville :

> Je me sens totalement piégée par elle. Elle finit par me prendre par la main, par me guider. Si je lui compose tel visage, si je lui donne tel destin, elle se rebiffe. C'est elle qui finit par commander. Elle veut sa place, toute sa place. Elle n'accepte pas d'être une ombre, un simple support pour l'écriture. Non. Elle sort du papier, elle entraîne son barbudo, Mime Yente et Bilou dans cette émergence. Elle me fait la nique. Elle s'installe. Oui s'installer. Rester quelque part. La tentation des races pures, des beaux passeports, des généalogies, des « moi mes ancêtres ici il y a deux cents, trois cents ans, moi ma noblesse qui remonte au temps des croisades, moi cette terre, mes aïeux la travaillaient... » À d'autres ! On connaît. Je n'ai pas d'aïeux. Tous morts à Auschwitz et avant anonymes, des petits, des obscurs, des sans grades. Pas d'aïeux, des ailleurs, oui, elle m'échappe. Fatiguée sans doute de cette course folle à travers la ville, de ce roman qu'elle n'arrive pas à terminer. (*LQ*, 181)

On assiste de la sorte à un renversement radical de la perspective, par rapport à Balzac : à présent, la protagoniste soumise à un nouvel espace urbain (montréalais), qui bute sans cesse contre des repères antérieurs (parisiens) sans correspondance aucune, tente de se l'approprier, physiquement d'abord, par ses déambulations dans la ville, puis intellectuellement, en dressant l'inventaire de toutes ces différences. Devenue maître de celui-ci, en entrevoyant du moins plus clairement la cohérence, elle se rebelle contre sa créatrice et lui permet, du même coup, d'entrer à son tour dans le jeu, d'écrire ce nouvel espace.

Le roman de Robin se distingue dès lors très nettement de ceux de Balzac, chez qui Paris est le résultat d'une construction soigneusement agencée par le romancier, les personnages faisant presque figures de marionnettes ; quant à ceux de *Bonheur d'occasion*, face à l'espace urbain en tout cas, ils n'ont guère de pouvoir : ils sont le jouet des forces socio-économiques qui se déchaînent à l'époque et le cadre dans lequel ils évoluent leur est imposé d'en haut.

En définitive, le constat qui se dégage est que l'on est confronté à un nouveau coup de boutoir porté au modèle romanesque balzacien : on avait pu en mesurer l'inadéquation dans le contexte des années 1960 et de la Révolution tranquille ; une nouvelle fois, au seuil des années 1980, un bouleversement de la société : le passage de la métropole à la mégapole et l'état de désolation qu'il entraîne pour le sujet, rend cette conception désuète et appelle de nouvelles formes d'écriture romanesque.

De l'ère du flâneur à celle du décrypteur

J'aimerais revenir un instant sur les affinités, déjà signalées (Frédéric, 1994a et 2002), entre *La Québécoite* et deux œuvres surréalistes : *Le paysan de Paris* et *Nadja*, en rappelant toutefois le glissement de plan qui s'opère dans la mesure où, dans celles-ci, ce n'est pas le personnage, mais bien l'auteur lui-même qui nous livre sa perception (Aragon) ou sa compréhension (Breton) de la ville. Dans sa *Préface à une mythologie moderne*, Aragon se pose d'ailleurs nettement en tant qu'acteur, non comme personnage.

Il n'en reste pas moins que la protagoniste de *La Québécoite*, dans ses déambulations urbaines, offre plus d'une affinité avec le type du flâneur, évoqué par Walter Benjamin et magistralement incarné par Aragon : comme lui, elle se trouve en état de réceptivité maximale et fait sien l'adage surréaliste « la vie demande à être déchiffrée comme un cryptogramme » (Breton, 1964 : 133), tentant au fil des pages d'appréhender l'espace urbain, d'en saisir la cohérence – une cohérence qui était imposée d'en haut dans le roman balzacien. Ce personnage, qui ne pouvait que subir cet espace dans la production antérieure, se voit octroyer par Robin le pouvoir, autrefois dévolu au romancier, de le comprendre.

À propos de cette tentative de décryptage, on ne résiste pas à l'envie de mettre en rapport la démarche de Robin et celle d'Aragon, par le biais d'un extrait de la seconde partie du *Paysan de Paris*, « Le sentiment de la nature aux Buttes-Chaumont » :

> Voilà que dans le désœuvrement, nous nous prenions à penser qu'il y avait peut-être dans Paris, au sud du dix-neuvième arrondissement, un laboratoire qui à la faveur de la nuit répondît au plus désordonné de notre invention. Le taxi qui nous emportait avec la machinerie de nos rêves ayant franchi par la ligne droite de l'interminable rue La Fayette le neuvième et le dixième arrondissement en direction sud-ouest nord-est, atteignit enfin le dix-neuvième à ce point précis qui portait le nom de l'Allemagne avant celui de Jean Jaurès, où par un angle de cent cinquante degrés environ, ouvert vers le sud-est, le canal Saint-Martin s'unit au canal de l'Ourcq, à l'issue du Bassin de La Villette, au pied des grands bâtiments de la Douane, au coude des

boulevards extérieurs et du métro aérien qui réunit dérisoirement ces deux extrêmes, Nation et Dauphine, devant la compagnie des Petites Voitures, le café de la Rotonde et le café de la Mandoline, à deux pas de la rue Louis-Blanc où *Le Libertaire* a son siège, au nord du fief de la vérole et au sud des Pompes funèbres, entre les magasins généraux de La Villette et les ateliers du matériel roulant des chemins de fer du Nord. Puis piquant droit vers le sud-est, il prit l'avenue Secrétan qui est plantée d'arbres, et qui au-delà du cinéma et de la compagnie générale des omnibus traverse une région d'écoles et de dispensaires, triomphe de l'organisation laïque. Elle était déserte à cette heure, et toute livrée à l'espace, grand paysage de bâtisses mortes et utiles, où la pierre prenait un aspect de bravade, à côté des murs de briques et de plâtras, des baraquements qui à des hauteurs inégales limitaient plusieurs idées philanthropiques du voisinage. Au niveau de la rue de Meaux nous ne vîmes pas le petit pointillé rouge qui trace la limite du quartier de La Villette et du quartier du Combat. Déjà nous dépassions le métro Bolivar où aboutit par une marche en hélice la rue Bolivar qui s'ouvre sur un pacage d'immeubles neufs. La rue Secrétan alors s'élève, elle arrive au grand dépôt des Pavés, à faible distance de l'École professionnelle Jacquard. C'est ainsi qu'aux approches du parc où est niché l'inconscient de la ville, les grands facteurs de la vie citadine prennent des figures menaçantes, et surgissent au-dessus des terrains vagues et de leurs cabanes de chiffonniers et de maraîchers avec toute la majesté conventionnelle, et le geste figé des statues. Il eût été difficile à cette heure, et à la vitesse de la voiture, de constater le nombre anormal d'opticiens que l'on rencontre dans la rue Secrétan, de la rue Bolivar à la rue Manin, où enfin le taxi s'arrêta devant le chalet Édouard, Noces et Banquets, qui allie avec sa frise de bois découpé le style de la Forêt-Noire à celui du Bas-Meudon.

À l'instant où ils constatent que la porte des Buttes est ouverte, on imagine l'état d'esprit des trois compagnons. [...] Nous entrons dans le Parc avec le sentiment de la conquête et la véritable ivresse de la disponibilité d'esprit. (Aragon, 1926 : 167-169)

Deux termes clefs encadrent la séquence proprement descriptive : « désœuvrement » et « disponibilité d'esprit » : véritable sésame, l'attention flottante, on le sait, est la clef du royaume du merveilleux quotidien. L'entre-deux est occupé par une description presque fébrile de leur itinéraire en taxi – substitut urbain, avatar moderne, de la diligence ou de tout autre véhicule réservé jadis à l'explorateur ou l'aventurier.

Car c'est bien dans la voie du récit d'aventure que nous sommes embarqués par Aragon ; les pages qui précèdent ont d'ailleurs clairement donné le ton : la proposition, lancée par Breton, d'aller aux Buttes-Chaumont fait naître dans l'esprit « des trois amis » (*Ibid.* : 166) « un mirage commun » (*Ibid.* : 164) :

devant nous s'ouvrait une chasse miraculeuse, un terrain d'expériences, où il n'était pas possible que nous n'eussions mille surprises, et qui sait ? une grande révélation qui transformerait la vie et le destin. (*Ibid.* : 164-165)

Tout appelle l'aventure :

ce parc, qui pendant une demi-heure sera pour eux la Mésopotamie. Cette grande oasis dans un quartier populaire, une zone louche où règne un fameux jour d'assassinats. (*Ibid.* : 165)

ils n'y espèrent pas une retraite, la solitude, mais au moins la retraite de tout un monde aventureux, que le singulier désir de venir dans cette ombre a trié et groupé, selon une ressemblance cachée, à la pointe du mystère. (*Ibid.*)

Il n'y manque aucun ingrédient, ni la femme :

une femme si vraiment prête à tout, qu'elle vaille enfin la peine de bouleverser l'univers. (*Ibid.* : 166)

ni le suspense :

Ici les trois amis constatent qu'ils ne sont pas armés. (*Ibid.*)

ni même le décor : la « grande banlieue équivoque autour de Paris »,

cadre des scènes les plus troublantes des romans-feuilletons et des films à épisodes français, où tout un dramatique se révèle. Sans nous représenter ce lieu, nous nous en figurions les voies d'accès, les routes désertes avec de petites maisons fermées, les grandes pancartes LUCILINE, et une voiture abandonnée non loin d'un pont de chemin de fer. (*Ibid.*)

C'est donc tout à la fois le patrimoine littéraire (« grande » et « para »-littératures confondues) et filmique qui se voit convoqué pour donner le ton, quelque peu ironique, de ce récit d'aventure.

Mais ce n'est pas tout : la séquence proprement descriptive n'est pas sans rappeler la relation de voyage ; c'est en tout cas ce que paraissent suggérer les précisions « géographiques » pléthoriques : incontestablement, Aragon « fait rapport », une « activité scripturale aussi importante que celle de découvrir un territoire ou de pagayer à la recherche du passage vers l'Ouest », comme le précise Réal Ouellet (1999). Des points de repère de toute nature se trouvent consignés : arrondissements, points cardinaux, spécification angulaire, noms de rues ; tandis qu'une riche palette d'amers urbains se déploie aux yeux du lecteur : l'un ou l'autre café, des stations de métro – Robin n'est pas loin –, tel canal ou bassin, le siège d'un journal, divers exemples d'architecture industrielle ou utilitaire – certains indexant le voyage ou à tout le moins l'ailleurs, qu'il s'agisse de la Douane ou des chemins de fer du Nord.

Les organisateurs spatiaux se voient épaulés par les organisateurs temporels, en une formulation qui, une fois encore, fleure bon l'aventure :

Puis piquant droit vers le sud-est

cadrant encore plus serré cet itinéraire parisien qui, parfois pourtant, se « désurbanise », au travers de l'une ou l'autre notation qui paraît soudain ouvrir sur une étendue naturelle – échappée aussitôt bridée par une touche ironique :

au nord du fief de la vérole

une région d'écoles et de dispensaires, triomphe de l'organisation laïque

Elle était déserte à cette heure et toute livrée à l'espace, grand paysage de bâtisses mortes et utiles, où la pierre prenait un aspect de bravade, à côté des murs de briques et de plâtres, des baraquements qui à des hauteurs inégales limitaient plusieurs idées philanthropiques du voisinage.

L'ironie naît de cette friction constante entre ville et nature, mais aussi entre concret, voire franchement prosaïque, et abstrait confinant à l'éthique

Un même ton narquois naît du glissement de plan opéré peu après :

Au niveau de la rue de Meaux nous ne vîmes pas le petit pointillé rouge qui trace la limite du quartier de La Villette et du quartier du Combat.

De la sorte l'envolée vers l'ailleurs qu'autoriserait ces relents de récit de voyage ou d'aventure se voit chaque fois réancrée brutalement dans la réalité.

Le ton du roman d'aventure persiste jusqu'au débrayage final sur la non-personne et le recours au syntagme « [l]es trois compagnons », qui rappelle « nos trois amis ». La séquence s'achève dans une apothéose : « le sentiment de la conquête » convoque autant la conquête de l'Ouest que les Mohicans de Paris – une tradition littéraire qui a eu son heure de gloire au XIXe siècle.

Le dialogisme qui s'établit avec deux œuvres phares, tant du surréalisme que de la poétique urbaine, permet de pointer une autre novation capitale : si, dans *Le paysan de Paris*, Aragon incarne le modèle achevé du flâneur (Frédéric, 1997 : 101), si Breton, dans sa quête de la ville et de soi, bénéficie de la médiation indispensable de Nadja, dans *La Québécoite*, le rôle du flâneur est dévolu exclusivement à une femme : elle partage incontestablement deux qualités essentielles du flâneur, pointées ci-dessus par Aragon : « la disponibilité d'esprit » (Aragon, 1926 : 169) et la curiosité « forme active de l'intelligence » (*Ibid.* : 165). Il s'agit là d'une quasi révolution : on ne peut manquer de songer que cette émancipation totale de la femme dans la cité avait auparavant été refusée à

Nadja, à qui son non-conformisme absolu vaudra d'être internée ; à présent, la voici pleinement réalisée par la protagoniste ; il est vrai qu'entre-temps, elle aura été conquise de haute lutte par les mouvements féministes.

Un autre constat important est que, dans *La Québécoite*, c'est très nettement la topographie ou, plus exactement, la (re)construction topographique de la ville qui apparaît comme la clef de cette prise de pouvoir du personnage sur la cité.

De la sorte, et en dépit du tableau pessimiste brossé par Jean Chesneaux de la modernité-monde, dans la production romanesque des années 1980, le personnage ne subit plus l'espace de la ville ; il tente de le maîtriser, physiquement, mais surtout intellectuellement. Cette évolution est perceptible aussi bien chez Régine Robin que chez Yves Beauchemin et Francine Noël, mais aussi dans la veine policière française qu'exploite avec talent, toutes ces années-là, Jean-François Vilar et qui autorise plus d'un parallèle avec Robin (Frédéric, 1997 et 1994a). Après l'avènement du flâneur en littérature, voici venue sans doute l'ère du décrypteur.

CHAPITRE VIII

Robert Lalonde
Une belle journée d'avance (1986)

Bio-bibliographie

Robert Lalonde est né à Oka en 1947. Son œuvre s'impose à plus d'un titre. Par sa diversité : Lalonde est à la fois romancier, poète, dramaturge et comédien. Par son abondance, un coup d'œil sur sa seule production romanesque le montre à suffisance : près d'un roman par année. Par sa qualité, tant au plan des thèmes qu'à celui de l'écriture – on y reviendra. Par son originalité enfin : l'auteur explore avec un même bonheur l'univers mythique et l'actualité la plus brûlante.

C'est sans doute ce qui lui vaudra d'être reconnu très tôt par l'institution littéraire parisienne : en 1982, son deuxième roman, *Le dernier été des Indiens*, paraîtra aux éditions du Seuil, maison où il publie régulièrement depuis (*Une belle journée d'avance*, 1986 ; *Le diable en personne*, 1989 ; *L'Ogre de Grand Remous*, 1992 ; *Sept lacs plus au Nord*, 1993 ; *Le petit aigle à tête blanche*, 1994). Les multiples facettes de son talent, aussi bien que cette consécration parisienne rapide l'apparentent à un autre auteur de la même maison : Anne Hébert.

Toutefois on n'est pas long à constater que certains pans de son œuvre romanesque offrent une résistance encore plus grande que la précédente à l'analyse narratologique traditionnelle.

Une nouvelle facture romanesque

La lecture du roman de Robert Lalonde *Une belle journée d'avance* le montre : pas plus que pour *La Québécoite*, l'intrigue ne constitue l'essentiel de l'œuvre ; une analyse du temps ou des personnages comporte également ses propres limites.

De fait, le roman gomme les notations temporelles qui organisent traditionnellement l'ordre du narratif. Plus exactement, il opère une confusion systématique de différentes époques par le recours quasi généralisé au présent, ce qui entraîne la coexistence d'un présent véritable – lorsque la narration et l'histoire coïncident – et d'un pseudoprésent – lorsque l'histoire précède la narration mais que celle-ci, dans la mesure où elle est faite au présent, semble donner comme actuels des actions ou des faits passés. Cette confusion s'étend en outre aux personnages eux-mêmes, grâce à un subtil jeu sur la coréférence, in-formant ainsi de manière particulièrement efficace le thème de la continuation des personnages, un thème de prédilection chez Robert Lalonde.

La tendance à fondre des époques et des personnages différents se voit d'ailleurs comme amplifiée par la structure même du roman, qui déplie les divers moments d'une journée dans la vie de ces personnages. Ces derniers sont saisis à des moments successifs, consignés ici et là dans la narration et désignés explicitement par le titre des chapitres : « L'aube », « L'avant-midi », « L'après-midi », « La brunante », « La nuit ». Au niveau de la diégèse, il y a donc progression strictement parallèle des personnages ; mais celle-ci gagne également le plan de la narration, dès lors que la journée du couple *je-tu* se révèle elle aussi scandée de la même manière (à trente-sept ans d'intervalle).

Mais aussi, et surtout, un certain nombre de séquences tirent incontestablement le roman vers la poésie ; toutes illustrent ce que j'ai proposé d'appeler un « discours embryonnaire », dans la mesure où le *je* narrateur y prend la parole en tant qu'embryon. Répétition, énumération, accumulation confèrent à ces passages une structuration qui, par sa densité même, tend à détourner le regard d'une lecture linéaire vers une lecture tabulaire – une situation qui n'est pas sans rappeler la notion de contraste avancée autrefois par Michael Riffaterre. Il est sûr en tout cas que, par leur « ton » poétique, ils se détachent du reste de l'œuvre : dans chacun d'eux, c'est moins ce qui se passe qui est important que les jeux de rythme et les notations d'impressions de toutes sortes. Ce statut privilégié des séquences embryonnaires, l'analyse a montré qu'il pouvait être expliqué, en même temps que la technique de confusion des époques et des personnages, par la fin du roman, qui marque un retour à la triade familiale et à la sérénité : la triade formée jadis par le narrateur et ses parents est appelée à se perpétuer dans celle qu'il formera avec sa compagne et l'enfant à naître prochainement (Frédéric, 1989a et 1992a).

La quête de l'origine : un thème majeur

Les considérations qui précèdent permettent de faire émerger un thème majeur dans l'œuvre romanesque de Robert Lalonde : la quête de l'origine (Frédéric 1994b).

Une filiation problématique

L'origine à reconquérir peut être paradoxalement la plus immédiate, la plus élémentaire, celle qu'en principe on suppose innée : à savoir la filiation. La reconquête du père sert de trame au roman *Le fou du père* ; mais plus significative encore est la quête parentale, symétrique et inverse, que déplient respectivement *Une belle journée d'avance* et *L'Ogre de Grand Remous*.

À 15 ans, le *je* narrateur s'est trouvé brutalement expulsé de la triade familiale. Exclu unilatéralement de ce microcosme bienheureux par le suicide de ses parents, il lui faudra 37 ans d'exil et de refoulement pour reconstituer à son tour une nouvelle triade.

Dans *L'Ogre de Grand Remous*, c'est dès sa naissance que Julien se voit rejeté de la relation parents-enfant, à la différence de ses frères et sœurs aînés. Ce statut de laissé pour compte, d'orphelin putatif en quelque sorte, il va le mener à son point d'achèvement en assassinant ses parents, devenant de cette façon un orphelin réel, mais du même coup excluant à leur tour ses frères et sœurs du noyau familial. Il est vrai que les parents venaient de prendre une décision comparable au suicide de Gertrude et Maurice dans *Une belle journée d'avance* : l'abandon de leurs enfants (la référence au Petit Poucet est limpide, de même que le titre et la seconde citation en exergue ; on y reviendra).

Ainsi donc, dans *Une belle journée d'avance*, le *je* entreprend la reconquête de l'ascendance qui lui a été refusée par le suicide de ses parents ; tandis que dans *L'Ogre de Grand Remous*, Julien refuse définitivement toute filiation ascendante par le meurtre des siens.

Toutefois, de part et d'autre, on assiste à une même salvation finale par la descendance : dans le premier cas, il y a réintégration au sein d'une nouvelle triade familiale (*je-tu*-l'enfant à naître) ; dans le second, simple intégration dans une triade familiale innée en quelque sorte (Julien-Irène-leur fils). On observera cependant qu'au moment précis où Julien se donne des attaches, ses frères et sœur quant à eux se retrouvent déracinés.

Le dernier été des Indiens et *Sept lacs plus au Nord* eux aussi s'appellent mutuellement. Dans le premier, la seule filiation ascendante à laquelle aspirait totalement le narrateur lui a été confisquée par la mort de son grand-père. La relation filiale, quant à elle, se verra brisée lorsqu'il dérogera délibérément aux normes de la communauté blanche : il choisit la fratrie avec l'Indien Kanak contre le clan familial et la communauté villageoise. Au terme de l'intrigue, la rupture est définitivement consommée et pleinement assumée par le narrateur, qui se voit contraint à un exil forcé loin du village natal. Le second roman, en revanche, est davantage celui de la réconciliation : revenu au village après des années d'absence, c'est avec sa mère et dans le souvenir de son père décédé entre-temps que Michel entreprend de rechercher Kanak.

Indien, mon frère

La filiation à reconquérir peut avoir une dimension plus historique : l'Autre, le frère aîné – trop souvent frère ennemi – sur le continent américain, c'est aussi l'Indien.

Donnant son titre à l'un des premiers romans, *Le dernier été des Indiens* (1982) et jalonnant toute l'œuvre (1982, 1986, 1989, 1993), l'Indien est toujours présenté comme marginal. Dans *Une belle journée d'avance*, le grand Gilles apparaît à la limite du village ; à la fois proche mais séparé, il intrigue. Dans *Le diable en personne*, éternel fuyard, sans identité (contraint de changer de nom à plusieurs reprises), il n'est plus simplement marginal, mais véritablement déraciné ; dans les années 1950, leur condition n'est guère éloignée de celle des esclaves noirs, le corps de Jos est d'ailleurs marqué comme le leur par le fouet.

Rendez-vous manqué avec l'Histoire également dans *Le dernier été des Indiens*. La dédicace suffit à donner le ton :

À la mémoire de Paul Lalonde,

mon père.

Et pour les Indiens, nos semblables différents.

Si semblables et si différents

qu'on ne les écoute pas.

Les Indiens ont d'ailleurs opté pour la langue et la religion de l'Autre :

– *Come on ! Come on !*

Il ne parle pas ma langue. Depuis que le curé les a chassés de l'église à cause de leur beau tapage à la messe, les Indiens se sont faits protestants. Ils ont choisi l'anglais. (Lalonde, 1982 : 13)

Qui plus est, ils affichent leur indifférence à une page capitale de l'histoire du Québec qui se tourne en cet été de 1959 : alignés sur le quai, occupés à pêcher, les Indiens « offrent le dos » au candidat libéral venu prêcher le changement. Par là même, c'est la fin de la « Grande Noirceur » et l'entrée du Québec dans la modernité qu'ils choisissent ainsi d'ignorer superbement. La séquence s'achève sur ce constat lourd de menaces :

Eux [les libéraux], dans leurs convois, triomphants, imbéciles possédant déjà le futur, et l'Indien dans sa cabane, dans sa légende, inquiétant mais vaincu.

> Le malentendu ne peut que se lover sur lui-même en vue d'un éclatement futur ou d'un coma perpétuel. (*Ibid.* : 110)

De fait, les Indiens ne manqueront pas le rendez-vous suivant : celui de l'été 1990 et de la crise d'Oka : un groupe de *warriors* iroquois tient tête à la police et à l'armée ; il y aura mort d'hommes.

Cette reconquête de la fratrie perdue, seuls les enfants semblent aptes à l'entreprendre. On pointe ici une autre facette de ce thème : être marginal, l'Indien nous est également présenté comme une figure initiatique. Ramenant l'enfant sur le point de devenir adulte dans le giron de la nature et des vraies valeurs au cours de ce qui apparaît comme un véritable rite de passage, il est celui qui permet à l'enfant d'échapper à une norme trop pesante.

Mais ce rejet du modèle traditionnel entraînera du même coup pour l'enfant une rupture avec le clan (famille ou même village entier) et, de la part de ce dernier, une répression violente débouchant immanquablement sur un déracinement de l'enfant parjure – qui, *a contrario* en quelque sorte, rapproche encore plus ce dernier de celui qui devait faire office de repoussoir, dès lors qu'ils partagent désormais cette même exclusion sociale. Dans *Le dernier été des Indiens*, le narrateur sera envoyé comme pensionnaire au petit séminaire, contraint de quitter le village et Kanak. Dans *Le diable en personne*, Florent optera pour la fuite avec Jos, mais il y trouvera la mort.

Cette vision profondément pessimiste d'une reconquête / réconciliation impossible, parce que limitée à l'enfant, non souhaitée par l'adulte ou le clan en général, et de toute manière vouée à l'échec, est heureusement corrigée par le roman *Sept lacs plus au Nord*, qui s'inscrit sur fond de crise d'Oka. Toutefois, quand Lalonde choisit d'intégrer cette page dramatique de l'histoire québécoise à son univers fictionnel, il prend soin d'éviter le sensationnalisme à bon marché, « le spectacle » (Lalonde, 1993 : 17) : c'est l'après-Oka qui servira de toile de fond au roman. Toile de fond en camaïeux : l'affrontement de l'été a laissé des cicatrices à travers tout le paysage : chars d'assaut barrant la rue, traces de chenilles gravées dans l'asphalte ou le sable, barricades mal démantelées, maisons vandalisées, pins arrachés, fruits pourrissant sur les arbres, blé d'Inde séchant sur l'épi, etc. Le récit s'achève cependant sur une note sereine : les retrouvailles de Kanak et Michel, au terme d'une quête menée sous les auspices d'une mère d'origine indienne et du fantôme du père. Ainsi, au terme du parcours, la boucle est bouclée : filiation biologique et filiation historique se trouvent réconciliées.

Thèmes mineurs et écriture originelle

La quête de l'origine a pour corollaires différents thèmes mineurs ; mais aussi, à l'occasion, un mode d'écriture approprié.

Dans la perspective thématique, on retiendra l'une ou l'autre variation sur le thème de l'image maternelle / matricielle. Ainsi la grotte ; que l'on songe au trou de fée dans *Une belle journée d'avance*, ou encore à la grotte de Trinité Lauzon et à son rôle capital dans *L'Ogre de Grand Remous* : la grotte comme référence au ventre maternel, or c'est précisément là – en ce lieu de refuge pour lui comme pour Irène – que Julien « fera souche ». Il peut s'agir également de l'eau : rivière, bayou, mer, etc., omniprésente chez Lalonde ; origine et même fin de la vie : les parents du narrateur s'y suicideront, dans *Une belle journée d'avance* ; dans *Le diable en personne*, Florent y trouvera une mort accidentelle, mais lourde de conséquences pour Jos ; dans *L'Ogre de Grand Remous*, elle détermine en partie le titre et sera le tombeau des parents de Julien, étayant à nouveau notre hypothèse d'une quête inverse à celle de *Une belle journée d'avance* : suicide *versus* meurtre par noyade.

D'une symbolique proche de celle de l'eau est la scène dans le marais où les deux innocents de *Une belle journée d'avance* finiront engloutis. Ce retour à la terre-mère mérite d'être relevé, de même que ses affinités nombreuses avec le thème de la souille dans *Vendredi ou les limbes du Pacifique* (1967) de Michel Tournier ; mais peut-être plus encore l'inscription dans le mythe qu'opère déjà auparavant la scène de pédophorie. Ici encore, c'est Tournier et son *Roi des Aulnes* (1970), cette fois, qui se trouve convoqué ; le thème de l'Ogre, qui se profile alors, indexe à son tour un titre ultérieur : *L'Ogre de Grand Remous*. À nouveau se voient débusquées ces deux variantes symétriques et inverses du thème de la reconquête de l'origine que sont *Une belle journée d'avance* et *L'Ogre de Grand Remous*.

On remarquera, par ailleurs, que le thème de l'initiation par le biais des amours masculines comporte presque toujours chez Lalonde une scène de pédophorie, qu'il s'agisse de *Une belle journée d'avance*, du *Dernier été des Indiens* ou du *Diable en personne*.

Pour ce qui touche à l'écriture enfin, on vient de le voir, *Une belle journée d'avance* met en place une véritable écriture originelle par le biais du discours embryonnaire. Ce dernier, de même que le recours généralisé au présent, trouvent leur justification dans une interprétation qui rejoint directement le thème de l'origine.

Si l'on se tourne à présent vers les titres, l'un d'eux en tout cas : *L'Ogre de Grand Remous* se démarque des autres par son inscription résolument mythique.

La référence intertextuelle à Perrault sera relayée par la seconde citation en exergue :

> Le Petit Poucet, qui était très malin, comprit la décision de ses parents et, de bon matin, voulut sortir pour quérir des cailloux.
>
> Charles Perrault, Le Petit Poucet

et dépliée en outre tout au long du récit.

Plutôt que de chercher à pister systématiquement les références intertextuelles au conte de Perrault, on aimerait s'attacher ici à l'examen d'un trait qui nous ramènera partiellement sur une voie explorée précédemment : la relation très particulière que Julien entretient à l'espace et au temps.

L'abolition de l'espace

On se rappellera que, dans le conte, le Petit Poucet subtilise à l'Ogre ses bottes de sept lieues qui ont le pouvoir de réduire les distances.

Dans le roman de Lalonde, la relation que Julien instaure avec l'espace ne manque pas non plus d'intérêt. Déraciné au plan filial, il est cependant le seul à être viscéralement enraciné à Grand Remous : non seulement il sera le seul à y rester après la dispersion familiale, mais surtout il agit délibérément comme une force centripète par rapport à cet espace, tuant ses parents pour contrecarrer leurs projets de parcourir le monde (séquence initiale), ramenant à lui ses frères et sœur, les ancrant à nouveau et définitivement à Grand Remous par l'aveu de son crime (séquence finale). Aussi, plus encore que de réduire les distances par l'entremise de bottes magiques, Julien parvient réellement à abolir l'espace, tout comme il le fera d'ailleurs du temps.

À ce propos, un passage est hautement significatif :

> *Vous avez abandonné votre maudite manie des origines et de la suite du monde. Vous êtes, tout à coup, avec moi, dans le même temps et le même espace que moi, que la maison, que le vent, que la rivière qu'on devine, cascadant sans commencement ni fin, par la fenêtre du salon.* (Lalonde, 1992 : 32)

Ce temps et cet espace figés, fermés sur eux-mêmes, en définitive n'est-ce pas bien davantage à *La Belle au bois dormant* qu'ils nous renverraient ?

Tel est bien, en effet, le deuxième conte qui s'inscrit en filigrane dans le roman. Plus précisément, c'est lui qui succède au premier, une fois le sacrifice rituel accompli par Julien :

> *Il y a eu l'ogre et maintenant il y a la belle au bois dormant.* (*Ibid.* : 41)

Cette équation qu'établit Julien est claire : la Belle au bois dormant = Irène. Or on se souviendra qu'étymologiquement, Irène signifie 'la paix' ; autrement dit, après « l'immolation » (*Ibid.* : 127) nécessaire des parents vient pour Julien le temps de la sérénité par l'enracinement familial jusqu'alors interdit. Il poussera d'ailleurs encore plus loin la mise en relation explicite entre les deux contes :

> Le prince de *La Belle au bois dormant*, c'est Poucet devenu grand, hein ? [...] Les deux histoires sont une seule et même histoire, hein ? (*Ibid.* : 130)

Julien et Irène, après être sortis de leurs « cent ans de sommeil » (*Ibid.* : 135), pourront entreprendre d'en faire sortir à leur tour Charles, Aline et Serge (*Ibid.* : 179).

Temps concret et temps mythique

L'examen du temps dans *L'Ogre de Grand Remous* rejoint certaines des observations faites par Mircea Eliade, à propos des sociétés traditionnelles. À ses yeux, ce qui caractérise la conception de l'homme archaïque, c'est l'abolition du temps concret, la volonté de dévalorisation du temps ; sa vie se réduirait à la répétition d'actes archétypaux, à l'incessante reprise des mêmes mythes primordiaux ; « le primitif vit dans un continuel présent » (Eliade, 1949 : 128-129).

Si l'on confronte ce constat avec l'attitude des différents protagonistes du roman, on voit se dessiner trois groupes de personnages ; plus exactement, deux groupes antagoniques et un groupe intermédiaire. Julien et Irène d'une part, Georges et plus encore Carmen de l'autre, s'opposent, en effet, radicalement comme l'homme archaïque à l'homme moderne ; quant au « monstre à trois têtes » (Lalonde, 1992 : 175) : Charles-Aline-Serge, tiraillé entre les deux, il finira par être absorbé dans la dimension mythique.

Julien partage effectivement avec l'homme archaïque cette volonté de dévalorisation du temps, en quoi il se sait différent de sa sœur Aline :

> [le] *temps qui continue de compter pour toi, au-delà de tout, et qui n'a jamais compté pour moi, jamais passé, qui ne passe toujours pas.* (*Ibid.* : 100)

Plus lucide encore est l'analyse qu'il fait des rares moments de complicité retrouvée avec ses frères et sœur :

> *Vous laissez vos têtes pencher l'une vers l'autre et vous écoutez le vent, avec moi. Soudain, nous sommes de nulle part, nous sommes ici, depuis toujours, seuls, avec le vent, et vous comprenez enfin que nous n'allons nulle part, n'irons jamais nulle part ailleurs. Le monde redevient rond et doux comme une pêche, comme la joue d'Aline, comme ton genou, Charles, sous ma main de petit animal heureux. Vous avez abandonné votre maudite manie des origines et de la suite du monde. Vous êtes, tout à coup, avec moi,*

> *dans le même temps et le même espace que moi, que la maison, que le vent, que la rivière qu'on devine, cascadant sans commencement ni fin, par la fenêtre du salon. [...] Il n'y a pas d'autre temps que le présent, éternel. Nous sommes trois Adam et une Ève, les premiers et les seuls.* (*Ibid.* : 32)

Dévalorisation du temps, éternel présent : on le voit, on est dans le droit fil des observations de Mircea Eliade ; on rappellera d'ailleurs que ce thème de l'éternel présent donne naissance à un véritable stylème, dans *Une belle journée d'avance*. Mais plus intéressante encore est la référence finale à Adam et Ève : elle pointe de fait directement l'archétype par l'imitation duquel Julien et Irène parviendront à se projeter hors du temps profane pour atteindre le temps mythique.

Cette abolition et cette projection se produisent au moment des actes importants, la génération entre autres, écrit Eliade (1949 : 65). Assez symboliquement, la naissance de l'enfant de Julien et Irène précède immédiatement la scène finale où Julien avouera le meurtre de ses parents à ses frères et sœur. Tout aussi symboliquement, naissance et révélation trouvent place au printemps.

De la sorte, naissance (de l'enfant de Julien et Irène), rachat (de Julien), renaissance (des frères et sœur) et renouveau coïncident, en cet instant privilégié où dimension fabuleuse (conjugaison des deux contes) et dimension mythique convergent :

> *Qu'est-ce donc que le temps en ce commencement du monde ? [...] Les skis, leurs bottes de sept lieues, et la neige granuleuse, leur désert blanc à traverser, et puis le printemps, tout en bas, au bord de la rivière encore gelée. Là-haut, dans les chambres, les simagrées d'ombres sur les murs ont commencé. Ils dorment sans dormir : ils glissent dans des courants de rumeur, ils roulent dans un placenta de désirs, ils vont naître aussi, tout à l'heure, ils vont se réveiller de leur sommeil de cent ans !* (Lalonde, 1992 : 179)

Le premier jardin

Réal Ouellet l'a bien montré, dans *Sept lacs plus au Nord*, davantage encore que dans *Le dernier été des Indiens*, l'amour de Michel pour l'Indien (Kanak/K) est comparé à celui du Christ (Ouellet, 1994 : 25) :

> Le corps de l'Indien de chair s'est fait verbe. Il y a eu transsubstantiation : prends et mange, ceci est mon corps, ceci est mon sang, ce sont mes muscles dans ta course, pour t'aventurer là où tu ne sauras jamais aller tout seul, c'est mon souffle qui fera ton endurance (Lalonde, 1993 : 41-42)

Cette évocation du corps régénérateur de l'Indien donne lieu à une célébration quasi incantatoire, dans laquelle la reprise « le corps de l'Indien » envahit toute la séquence (*Ibid.* : 41-43) et engendre même des rappels à plusieurs pages de distance :

> Quand est venu l'Indien, il était prêt : son corps savait déjà qu'il pouvait faire plus que marcher et parler sur la terre. Il y avait l'eau, ses courants dans lesquels la pensée, comme le corps, flottait, perdait son assurance, dépassait ses limites, surprenait la souveraineté mouvante du monde. (*Ibid.* : 60)

et :

> Quand est venu l'Indien, il était prêt : son corps savait déjà qu'il pouvait faire plus que marcher et parler sur la terre. Il y avait l'eau et il y avait le vent. (*Ibid.* : 82)

Ainsi l'évocation de la symbiose originelle entre Kanak l'Indien et Michel « cœur rouge, tête blanche » (*Ibid.* : 42) donne naissance à un véritable stylème : on pourrait presque parler ici de prose formulaire.

Par ailleurs l'une de ces formules est précédée d'un fragment qui s'apparente étroitement à l'écriture embryonnaire décelée dans *Une belle journée d'avance* (Frédéric, 1989a) :

> Michel nageait avec sa mère jusqu'à la petite île […]. Il plongeait, restait longtemps sous l'eau. Il pensait : « Je suis dans le ventre de l'eau, pas né encore, têtard, œuf de peau, gonflé de sang, déchiré de branchies déjà, changeant si vite, se tortillant du désir de venir au monde, de monter en spirale vers la lumière, le jour, la vie, l'autre vie. » (Lalonde, 1993 : 59-60)

appelle immanquablement les phrases initiales dudit roman :

> Je ne suis pas encore né. Pas même dans l'œuf encore. Pas encore ce petit têtard grouillant. Pas encore des vôtres. Cependant, c'est pour très bientôt. Je fais, comme on dira chez nous, « Pâques avant les Rameaux ». Je célèbre tout de suite, hanté par elle, au fond de mes limbes, la vie qui vient. (Lalonde, 1985 : 11)

Or on a vu que ces séquences embryonnaires correspondaient très nettement pour le narrateur au moment de l'innocence, du bonheur précédant le suicide de ses parents et l'éclatement du noyau familial. L'intertextualité manifeste entre les deux œuvres montre une fois de plus que, par contraste avec *Le dernier été des Indiens*, *Sept lacs plus au Nord* apparaît bel et bien comme le roman de la réconciliation entre filiation biologique et filiation historique : c'est dans le noyau familial (guidé par sa mère « l'Iroquoise blanche » et imprégné du souvenir de son père le métis) et du même coup dans la sérénité – in-formée dans l'écriture embryonnaire – retrouvée que Michel entreprend la recherche de l'Indien.

Mais il y a plus ; l'évocation, dans les extraits précédents, de la communion de Michel avec les éléments naturels : l'eau – image fœtale par excellence – et le vent, opérée grâce à la médiation de Kanak, montre que la quête de l'Indien est inséparable de celle du paradis originel, dont la mention ponctue régulièrement le roman. Ses aspirations à l'harmonie cosmogonique valent d'ailleurs à Michel les railleries de ses amis de la ville :

> – Ah, j'y suis ! T'es un être cosmogonique et paradoxal, une sorte de primitif innocent et omniscient, c'est ça ? (Lalonde, 1993 : 64)

De fait, tout son parcours peut se lire comme un retour aux origines. La première étape de son ressourcement est à cet égard hautement significative : il passe la nuit chez sa mère, dans son lit d'enfant, et l'approche du sommeil le replonge dans les paysages peints jadis par son père : « le pays rêvé pour lui par son père, le paradis », jusqu'à ce que la nuit fasse :

> venir tous les pressentiments : l'extinction proche du monde, la fin de l'enfance, les yeux malades de Louis-Paul, les hurlements du chien d'Angèle, la déchéance de l'Indien, là-bas, dans sa cabane de l'anse. (*Ibid.* : 35)

Les différentes pièces du puzzle sont ainsi assemblées : enfance – métissage – paradis originel, les principaux axes de la quête nous sont livrés sans détours. Mais tout n'est pas joué pour autant : l'orientation générale de la quête échappera longtemps aux protagonistes et il faudra toute la perspicacité de la mère pour comprendre qu'ils s'avancent « vers une mort qui marche à reculons » (*Ibid.* : 68 et 137) ; cette mort qu'ils redoutent tout au long de leur itinéraire se trouvait en fait au point de départ : mort de l'enfance, mort du père, mort de la coexistence pacifique entre communauté blanche et indienne à Oka, mort d'un état d'harmonie avec la nature. On rejoint en définitive l'idée de régénération du temps, mise en lumière par Mircea Eliade :

> Aucun événement n'est irréversible et aucune transformation n'est définitive. Dans un certain sens, on peut même dire qu'il ne se produit rien de neuf dans le monde, car tout n'est que la répétition des mêmes archétypes primordiaux ; cette répétition, en actualisant le moment mythique où le geste archétypal fut révélé, maintient sans cesse le monde dans le même instant auroral des commencements. Le temps ne fait que rendre possible l'apparition et l'existence des choses. Il n'a aucune influence décisive sur cette existence – puisque lui-même se régénère sans cesse. (Eliade, 1969 : 108-109)

Laissant derrière eux le village détruit (êtres et choses) par l'affrontement de l'été :

> puisque l'avenir avait rattrapé le passé par la queue, puisqu'on était revenu à l'inconfort, à la peur, au désordre originel, puisque la vie, au village, ne recommençait pas mais commençait quelque chose de neuf, d'ancien et de neuf, que chacun, fatigué, perdu, ne savait comment envisager. (Lalonde, 1993 : 24-25)

mais aussi par la pollution :

> Il a marché sur la grève. On ne pouvait plus voir les cailloux, même à deux pieds du bord. Une mousse sale clapotait sur les roches. Le lac, au commencement leur lac à eux, puis le lac du clan, le cher lac de son père, maintenant le lac du gouvernement, avait été empoisonné, lentement mais sûrement, au mercure, à la gazoline, aux excréments humains. Violence plus meurtrière que les coups de mitraillette de l'été dernier, dans la pinède. Mort mise au compte du progrès, du confort, de l'irréversible puissance du blanc, de son entêtement américain de propriétaire gaspilleur. Dorés aux foies cancéreux, barbotes lépreuses, hauts-fonds glauques et déserts, chenal pourrissant où ne frayaient plus ni le brochet ni l'esturgeon. Une eau d'huile moirée dans laquelle on ne nageait plus. La mort du lac et celle de son père avaient commencé en même temps, étaient peut-être parentes, en tout cas pareilles. (*Ibid.* : 20)

Michel et sa mère, comme avant eux l'Indien et son clan, effectuent une remontée vers le Nord, loin de la ville, vers les forêts non touchées par la civilisation, vers « la forêt dense et inapprivoisable » (*Ibid.* : 103).

Telle est aussi très précisément la portée des histoires racontées par Angèle tout au long de leur parcours : le stratagème de l'ourse, marchant à reculons pour dérouter les chasseurs, ou encore l'histoire de Jérôme piqué par les guêpes par amour pour sa cousine Angèle, figurent autant de répétitions de l'archétype, inscrivant le parcours de Michel et sa mère dans une sorte de saga familiale à portée métaphysique :

> Et il en restait toujours, des histoires inconnues, refluantes, allégoriques, porteuses de messages, effrayantes ou drôles, tragiques : les histoires fondamentales, mythiques, inoubliables si on voulait comprendre, se connaître soi-même. (*Ibid.* : 115-116)

Telle est encore la valeur du rite d'initiation auquel l'Indien soumet Michel âgé de treize ans. Il s'apparente à la première catégorie d'initiation relevée par Eliade, celle que l'on désigne du nom de « rites de puberté » ou « initiation de classe d'âge » (Eliade, 1971 : 186-188). Ces rites comportent dans la majorité des cas une mort suivie d'une résurrection symbolique ; or chez Lalonde aussi, le « novice » est symboliquement enterré : référence est faite explicitement au « lit-tombeau creusé dans le sable » (Lalonde, 1993 : 93), à l'« immobilité de gisant » de Michel, à son air de « petit mort tranquille » (*Ibid.* : 94).

À nouveau, mythologie indienne et mythologie chrétienne sont appelées à interférer : Michel s'interroge sur de possibles affinités entre la « sensation d'enlèvement, de fuite zigzagante, d'errance dans d'infinies ténèbres blêmes » qu'il éprouve et les « limbes dont parlait le petit catéchisme » (*Ibid.* : 95), avant d'évoquer « François d'Assise – sang-mêlé, visité par les oiseaux d'Amérique » (*Ibid.* : 96).

Au terme du parcours accompli par Michel et sa mère, la boucle est désormais bouclée ; la triple quête : filiation, indianité, paradis originel, a été menée à bien et les retrouvailles avec l'Indien réintègrent pleinement Michel dans son statut d'« être cosmogonique ». Mais, du même coup, c'est la cohérence de l'œuvre romanesque elle-même qui se trouve restaurée : si l'épilogue d'*Une belle journée d'avance* et celui de *L'Ogre de Grand Remous* marquaient un même retour à l'équilibre et à l'harmonie universelle, en revanche *Le dernier été des Indiens* s'achevait sur une fracture avec l'ordre ancien. Fracture qui s'amplifie dans *Sept lacs plus au Nord*, avec la crise d'Oka et l'exil forcé de K (trente ans après celui de Michel), pour se réduire finalement et mettre le roman à l'unisson des autres.

De l'analyse il ressort donc que la quête de l'origine est indéniablement un thème majeur dans l'œuvre romanesque de Robert Lalonde, où elle se trouve modulée, en quelque sorte, par cercles concentriques : simple filiation biologique (quête du père ou des parents), filiation historique (réconciliation avec le frère indien), projetée dans la dimension fabuleuse (l'origine, interdite à Julien dès sa naissance, généralisée ensuite à l'ensemble des enfants, trouve son développement contrapuntique dans le conte du *Petit Poucet*) et même mythique (l'abolition de l'espace et du temps, outre qu'elle indexe un second conte : *La Belle au bois dormant*, plonge le microcosme de Grand Remous dans la dimension mythique ; Julien fait d'ailleurs référence explicitement à Adam et Ève – une référence qui se verra amplifiée dans *Sept lacs plus au Nord*).

Ce thème, omniprésent dans l'œuvre, a pour effet de resserrer plus étroitement certains maillons. Ainsi, la filiation historique rapproche *Le dernier été des Indiens*, *Le diable en personne* et *Sept lacs plus au Nord* ; on passe d'une rupture (qui semble) définitive (elle sera démentie dans le troisième roman), d'une fracture brutale (par rapport au clan – donc par rapport à la filiation biologique – mais aussi par rapport à Kanak – donc par rapport à la filiation historique) dans le premier, à l'espoir d'une réconciliation dans le deuxième (la fin reste ouverte), pour finir sur des retrouvailles dans le troisième (la quête de l'Indien, menée conjointement par Michel et sa mère, réconcilie du même coup filiation biologique et filiation historique, projetant l'une et l'autre dans une dimension mythique).

Quant à la dimension mythique, elle vient souder plus encore les romans symétriques et inverses que sont *Une belle journée d'avance* et *L'Ogre de Grand Remous*. Qu'il s'agisse de l'abolition de l'espace : dans le premier, le *je* narrateur revient au lieu de son enfance après un exil de 37 ans ; dans le second, on l'a vu, Julien agit comme une force centripète par rapport à Grand Remous. Ou encore de l'abolition du temps : elle fonctionne comme un leitmotiv dans le discours de Julien et ira jusqu'à donner naissance à un trait d'écriture, le peudo-présent, dans *Une belle journée d'avance*. Le thème de la continuation des personnages, présent dans l'un comme dans l'autre, avec la même fonction salvatrice, contribue également à abolir le temps ; tout comme le discours embryonnaire, dans *Une belle journée d'avance* (c'est sans doute, dans l'ensemble de la production romanesque de Lalonde, le roman le plus achevé stylistiquement).

Le thème de l'origine apparaît dès lors non seulement comme un facteur de cohérence profonde ; mais aussi, et peut-être plus encore, comme un véritable facteur de résonance : une note émise dans un roman se propage et s'amplifie par modulations successives à travers toute l'œuvre.

CHAPITRE IX

Marie-Célie Agnant
La dot de Sara (1995)

Bio-bibliographie

Dans la littérature québécoise contemporaine, une place toute particulière mérite d'être faite à l'œuvre de Marie-Célie Agnant. Cette écrivaine d'origine haïtienne vit à Montréal depuis trente ans, elle est entrée en littérature il y a près de dix ans déjà ; poésie : *Balafres* (1994), nouvelles : *Le silence comme le sang* (1997), roman : *La dot de Sara* (1995), *Le livre d'Emma* (2001), littérature de jeunesse : *Alexis d'Haïti* (1999), *Le Noël de Maïté* (1999), *Alexis fils de Raphaël* (2000), *L'oranger magique* (2003), malgré ses incontestables qualités littéraires, son œuvre est encore trop peu connue, encore moins étudiée, de nos jours.

Elle incarne pourtant l'une des voix les plus originales en matière d'écriture migrante. Son premier roman, *La dot de Sara* (1995), fait entendre les premières notes de ce qui reviendra tel un thème lancinant à travers toute son œuvre : celui de l'espace en déshérence ; la désolation, évoquée déjà à propos de *La Québécoite*, paraît bien être, en effet, la condition inéluctable de la femme haïtienne. Cette marginalisation forcée – Agnant ne déclare-t-elle pas elle-même « écrire en marge de la marge » (Agnant, 2002) –, ravive la polysémie du terme *aliénation* ; de fait, elle confine parfois à la folie ou, plus exactement, comme le suggère le roman *Le livre d'Emma*, elle reste à ce point incompréhensible (indifférente ?) à la société que cette dernière n'hésite pas, dans certains cas extrêmes, à indexer cette marginalité viscérale comme démence.

Espace en déshérence

Aborder l'œuvre[1] sous l'angle du traitement réservé à l'espace s'avère particulièrement révélateur. L'homme est absent de l'espace romanesque de l'auteure : lorsqu'il ne fuit pas purement et simplement

---

[1] Agnant M.-C., *La dot de Sara*, Montréal, Les éditions du remue-ménage, 1995. Dorénavant, pour les citations, on utilisera l'abréviation *LdS*, suivie de la référence de page entre parenthèses.

ses responsabilités de père, il se voit neutralisé par une situation politique d'une rare violence. Son rôle va désormais être pris en relais par les femmes, voire exceptionnellement – dans sa production destinée à la jeunesse – par un adolescent. L'espace matriarcal ainsi mis en place entraîne le plus souvent pour ces femmes de diverses générations une mise entre parenthèses de leur existence, de même que la confiscation de l'espace originaire. Contraintes pour des raisons économiques ou politiques de quitter leur village et jusqu'à leur terre natale, elles se retrouvent exilées dans des régions plus ou moins hospitalières. Elles auront alors à reconquérir ce nouvel espace.

L'œuvre d'Agnant apparaît bien, en effet, comme une modulation lancinante sur ces thèmes de l'exil et d'une nécessaire réappropriation de l'espace. Celui-ci s'articule sur trois axes : espace privé/public, espace insulaire/de la mégapole, espace physique/mental (Frédéric, 2002).

De l'espace privé à l'espace public : un passage délicat

L'espace privé est surinvesti par les femmes, tant l'espace originaire haïtien que l'espace d'adoption montréalais. Les premières pages de *La dot de Sara* nous mettent en présence d'un univers essentiellement matriarcal : quatre générations de femmes coexistent dans un appartement montréalais : Sara, sa mère Giselle, sa grand-mère Marianna et le souvenir omniprésent d'Aïda l'arrière-arrière-grand-mère.

Dans l'île déjà, l'organisation était clairement matriarcale : Marianna a été élevée par sa grand-mère Aïda, sa mère étant morte à sa naissance, sans avoir jamais voulu révéler le nom de celui auquel est refusé jusqu'au statut de père, dès lors qu'il nous est présenté uniquement comme « celui qui l'avait mise en mal d'enfant » (*LdS*, 18). La structuration exclusivement féminine de la sphère privée est d'ailleurs soulignée explicitement par Marianna :

> Comme tant d'autres, elle [sa mère] avait dû se dire que les enfants, c'est plutôt l'affaire des femmes. Il y avait autour de nous et avec nous cette communauté de commères, matantes et marraines, qui étaient pour moi comme autant de mamans. (*LdS*, 18)

Celle-ci perpétue à son tour l'espace matriarcal : dès que son compagnon apprend qu'elle est enceinte, il disparaît « sans bruit, sans comptes » (*LdS*, 22), lui imposant sans appel la reconnaissance de ce régime social :

> Je compris [...] pourquoi les femmes vivaient souvent repliées, en position de défense, ou encore, en grappes de fourmis, besogneuses, occupées du matin au soir, tantines, matantes, cousines, grand-mères. (*LdS*, 22)

Le noyau familial montréalais sur lequel s'ouvre le roman ne fait donc que perpétuer ce modèle éprouvé.

L'investissement de l'espace public quant à lui dépend avant tout de l'aire géographique. La question ne se pose même pas pour l'espace haïtien : le rôle des femmes est quasi exclusivement limité à la sphère privée. L'exception suscite d'ailleurs la fierté du village : Rosette, contemporaine de Marianna, mène ses études jusqu'au brevet supérieur et épouse un notable : un riche exportateur de café et de cacao qui est en même temps juge de paix ; elle-même est responsable de l'embauche et des comptes, tout en assurant la gestion d'une boulangerie et d'une distillerie. Mais pareille réussite sociale pour une femme reste l'exception ; elle nous est d'ailleurs présentée comme « une étrange fleur qui poussait au milieu des chardons du Haut-Mombin » (*LdS*, 65). Même Marianna qui aura la chance d'aller à l'école – contrairement aux autres fillettes de son âge, astreintes aux tâches ménagères ou à faire marcher le commerce – obliquera ensuite vers une voie classique : l'école d'économie domestique pourvoira à sa formation de couturière, immuable recette permettant de concilier revenus professionnels et vie au foyer, *Bonheur d'occasion* allait dans le même sens.

Pour ce qui touche à l'espace d'adoption montréalais, il est affaire de génération. La grand-mère transplante avec elle son statut de femme au foyer. Maîtresse de maison, elle assure également la cohésion du noyau familial et le maintien des traditions ; c'est très précisément pour toutes ces raisons qu'elle a accepté de quitter son île à la naissance de Sara et qu'elle y retournera une fois l'éducation de celle-ci achevée.

La situation de la mère est un peu plus complexe. Si Giselle a obtenu un emploi d'enseignante dans l'île, puis en terre étrangère, on est frappé de constater qu'elle n'est jamais appréhendée dans ses activités professionnelles. Dans cette galerie de portraits féminins, elle est sans conteste la figure la plus tourmentée : non seulement elle se heurte à sa mère, dans la mesure où elle refuse cet héritage, trop lourd à porter et qui risque d'entraver son insertion dans la société montréalaise :

> Je n'en veux plus de ces relations toujours inégales. Je refuse ce bonheur qui consiste à donner, donner, tout donner. Il ne me reste plus rien à donner, comme tu le disais auparavant, t'en souviens-tu ? […]. Tu disais […] « Aux hommes, il faut tout donner ». Mais moi, le peu de plumes qu'il me reste sur le dos, je veux le garder. Nous avons été à la même école, toi et moi, Marianna. (*LdS*, 131-132)

Mais en outre, elle doit aussi affronter sa fille et lui opposer en quelque sorte une résistance inverse, dès lors qu'il lui semble que Sara a tendance à vouloir brûler les étapes. La relation qui s'instaure entre

Giselle et Sara devient alors l'exacte symétrique de celle qui existe entre Giselle et Marianna.

On observera qu'au fur et à mesure de l'intégration des trois femmes, le personnage de Giselle perd de sa dureté. L'imminence du retour de Marianna en Haïti est d'ailleurs l'occasion d'une très belle scène entre Giselle et Marianna, où la première reconnaît, en même temps que son tempérament de révoltée, sa dette envers la seconde : « Tu n'as pas été que la gardienne de ma fille, tu as été la gardienne de mon équilibre. » (*LdS*, 161).

En définitive, la reconquête de l'espace public semble être davantage l'apanage des enfants. Pourtant, et cela mérite d'être souligné, si l'investissement de l'espace public par Sara est incontestable, il nous est le plus souvent livré en creux, en quelque sorte : il doit être déduit de ses absences du noyau familial, qui suscitent des heurts parfois violents avec sa mère et plongeront Giselle et Marianna dans l'angoisse lors de la fugue qui marquera son entrée dans l'adolescence. Elle réaffirme, telle une profession de foi, sa volonté d'étudier « pour être libre et indépendante » (*LdS*, 152), gagner beaucoup d'argent afin de pouvoir voyager et voir le monde entier (*LdS*, 138) ; voilà qui est clair : l'espace est à prendre pour les filles de cette génération.

Ce qui est tout aussi évident en tout cas, c'est son refus catégorique d'être confinée à l'espace privé : ne déclare-t-elle pas dès les pages liminaires que, contrairement à sa grand-mère, elle « refuse de savoir coudre et faire à manger » (*LdS*, 19). Le désir presque obsessionnel de sa grand-mère de la voir mariée provoquera l'unique affrontement entre Marianna et Sara, en même temps qu'une déception profonde chez cette dernière ; elle prône en effet « l'indépendance amoureuse » (*LdS*, 140), ce qui lui vaut d'être qualifiée d'amazone par Marianna (*LdS*, 152).

De l'île à la mégapole

L'espace insulaire vient constamment se surimposer à l'espace montréalais ; incontestablement connoté positivement, il représente pour Marianna le paradis de l'enfance et de la jeunesse perdues. Tout de sensualité, il est fait de parfums et de couleurs. Il est aussi le lieu de la convivialité, incarnée par la figure de la commère, Marie-Ange ou Aline.

Pourtant, à y regarder de plus près, il n'est peut-être pas si édénique qu'il n'y paraît. La liberté des petites filles, même épanouies comme Marianna, est en réalité une liberté surveillée : leur aire de jeu se limite – ou du moins devrait se limiter – à la galerie entourant la maison familiale :

> Nous jouions aussi à *Iago*, mais grand-mère Aïda n'aimait pas qu'on s'éloignât de la maison. « Tout peut arriver », criait-elle en tapant des mains pour nous ramener sur la galerie. « Les filles restent sur la galerie. Mais quelle affaire ! vous voulez me mettre dans des tracas, vous trouvez que je n'en ai pas assez ! Combien de fois dois-je répéter que les filles ne doivent pas s'éloigner dans les buissons le soir. Avec tous les *Malfinis* qui rôdent ! (*LdS*, 20)

On reviendra sous peu à ce périmètre de sécurité symbolisé par la galerie.

Les impératifs économiques viennent eux aussi mettre un bémol à cette harmonie. La vie dans l'île est faite de déracinements successifs : Marianna a quitté son village pour la capitale, avant que sa fille ne parte pour une terre étrangère. Appelée à la rescousse à la naissance de Sara, elle quittera à son tour Haïti pour Montréal.

Confrontée à la mégapole, en lieu et place de la convivialité insulaire, elle se heurte aux visages « identiques », « fermés » et « muets » (*LdS*, 28). Elle vit désormais « du matin au soir entre les quatre murs blancs d'une cage [...], sans balcon, sans galerie, barricadée, coupée du monde » (*LdS*, 27). Ainsi dans ce nouvel espace confiné lui serait refusé jusqu'à l'espace refuge que figure la galerie, partie publique de l'espace privé. Pourtant, aux dires de Giselle, cette claustration – qui durera près de quatre ans – est largement volontaire :

> Il y aura bientôt quatre ans que tu vis ici, on dirait que tu es une prisonnière. Tout ce que tu fais à longueur de journée c'est dorloter Sara et te plaindre du froid. [...] Pour l'amour du ciel, sors un peu de la maison ! (*LdS*, 54)

On pointe ici une nouvelle fois le rôle, capital autant qu'ingrat, joué par la génération-charnière des mères dans l'émancipation féminine des migrantes.

Cette remarque agacée de Giselle opère enfin le déclic d'une (ré)appropriation de l'espace chez Marianna. Celle-ci s'appuie assez naturellement sur différents lieux de socialité montréalais. Le premier est le groupe de prière, qui rassemble, une fois libérées du travail et des tâches ménagères, des femmes de l'âge de Giselle.

Si Marianna décline l'invitation de sa fille à « aller flâner dans les magasins » par aversion pour l'ambiance de suspicion généralisée qu'elle sent peser sur elle (*LdS*, 43), elle déambule volontiers dans un marché en plein air, ou dans la rue Saint-Laurent qui lui offre indéniablement un succédané de son île :

> Nous avons trotté toute la matinée dans une rue fort achalandée. La rue Saint-Laurent. Giselle jubile. Enfin une rue qui te plaît, dit-elle. Plus que la rue, ce sont les odeurs qui me parlent de la vie, du soleil, le marché de pois-

sons qui m'offre l'odeur de la mer. Les gens sont différents et pleins de vie dans cette rue, même le lèche-vitrine ne me rebute pas. (*LdS*, 57-58)

L'évocation de ces lieux appelle immanquablement une autre figure de l'écriture migrante : celle de la Québécoite. L'une comme l'autre sont amenées à faire sur le tard l'apprentissage d'un « espace schizophrène » ; mais la manière dont elles l'appréhendent est radicalement différente : alors que la Québécoite se confronte résolument à la ville étrangère, Marianna se réfugie dans l'espace originaire, l'univers haïtien fonctionnant à ce point comme repoussoir, durant les premières années de son déracinement, qu'il bloquera net – on vient de le voir – toute velléité d'intégration.

Cette divergence d'attitude permet de cerner une différence essentielle entre ces deux incarnations féminines de la dé-solation. En effet, s'il était possible de rapprocher le personnage de la Québécoite de la figure du flâneur évoquée par Walter Benjamin (Frédéric, 1994a et Green, 2002), ce rapprochement ne se justifie plus ici : Marianna subit l'espace urbain ; elle ne le maîtrisera jamais tout à fait, à la différence de la Québécoite qui, d'abord soumise à un flux d'impressions déroutantes et parfois contradictoires, finira par restituer à la ville étrangère une certaine cohérence ; dès cet instant, elle peut flâner en ville, que ce soit à Paris ou à Montréal d'ailleurs. L'incompatibilité des deux figures me semble du reste clairement soulignée par Marianna elle-même :

> Je m'en allais ainsi sans but, par ces rues dont je ne connaissais rien du passé, ces rues où je me sentais étrangère, habitée par une autre histoire, une histoire écrite et contée dans une langue dont on ne connaissait pas la musique ici. Qu'est-ce que je fais, je me disais, à marcher sur ces trottoirs qui ne reconnaissent pas les hésitations de mes pas ? (*LdS*, 80-81)

Il me paraît effectivement que la flânerie suppose une certaine maîtrise de l'espace urbain, donc une relative intégration. La réflexion désabusée de la protagoniste tend par ailleurs à suggérer que cette maîtrise n'est pas seulement psychologique, mais également physique – véritable appréhension du territoire.

Espace physique / espace mental

On l'a rappelé, pour pallier son déracinement, Marianna fuit en imagination dans l'espace haïtien, clairement mis à distance par sa dénomination : « là-bas » ou « le temps longtemps ». Elle partage avec Sara un monde imaginaire fait de contes et de légendes importés de l'Anse-aux-Mombins, qui est précisément l'héritage qu'elle souhaite lui laisser, « la dot de Sara » :

– Ce monde appartient aussi à Sara, c'est en quelque sorte ce que je lui laisse en héritage : mes souvenirs, poussières de vie et d'espérances. [...] De cet héritage, et de l'usage qu'en fait déjà ma petite-fille, je jouis moi aussi. Alors qu'à sa mère elle ne parle qu'en français, avec moi, Sara parle ma langue, celle de grand-mère Aïda [*i.e.* le créole]. (*LdS*, 67-68)

Si Sara est le réceptacle privilégié de ce patrimoine : elle a décoré la chambre de sa grand-mère de dessins de l'île et ensemble elles ont dessiné une carte de l'Anse-aux-Mombins, en revanche Giselle y voit autant d'« histoires farfelues » (*LdS*, 60-61) et qualifie leur complicité de « monde de femmes et de légendes » (*LdS*, 67).

Toutefois, la coexistence des deux univers étant de moins en moins problématique, l'espace haïtien offre au fil des pages un jeu de miroir de moins en moins déformant avec l'espace montréalais. Leur réconciliation est consacrée par le retour de Marianna sur son île ; l'inversion est complète : sa première impression est celle d'un univers hostile, puis elle retrouve ses marques et peut rêver sereinement à l'arrivée prochaine de Sara et Giselle. L'espace haïtien a donc quitté le domaine du rêve pour celui de la réalité et la réconciliation se scelle en un lieu hautement symbolique : la galerie de sa maison de la ruelle Pistache. Deux scènes symétriques encadrent ainsi le roman : dans la première, Marianna à Montréal, rêve de Haïti et de sa grand-mère ; dans la seconde, de retour en Haïti, elle espère la venue de sa petite-fille.

Au terme de ce parcours, il apparaît que la terre natale est bel et bien déclinée, confisquée, dans le roman. Les protagonistes sont soumis à un déracinement perpétuel : forcés de quitter leur village pour la capitale, telle Marianna ; contraints à l'exil en terre étrangère, comme Giselle, qui y appellera à son tour Marianna. Le Canada offre une terre d'asile, mais à des degrés divers néanmoins. Pour les mères en tout cas, l'intégration s'avère difficile : la position de femme en cours d'émancipation n'est guère confortable pour Giselle, tiraillée constamment entre sa mère, gardienne de la tradition, et sa fille, avide de conquérir ce nouvel espace. En fait pour cette génération intermédiaire, celle des parents, l'expérience de l'exil est d'autant plus difficile qu'elle intervient pendant la période active de leur existence ; les parents constituent dès lors une génération sacrifiée ; on sera sensible au fait que cette tranche d'âge correspond à celle de l'écrivaine Marie-Célie Agnant, qui évoquerait de cette manière une situation vécue de l'intérieur. Les grands-mères quant à elles incarnent les racines, la génération de la mémoire vive, tout comme Mime Yente et le vieil écrivain asthmatique de *La Québécoite* ; acceptant de suivre la famille dans son exil, Marianna refusera cependant l'assimilation : non seulement elle fuit dans l'imaginaire, mais en outre elle retournera au pays. La dot de Sara, c'est très précisément ce que lègue la grand-mère à sa petite-fille : l'espace originaire, en même temps que la force de toutes ces femmes (à ce propos, voir aussi Lequin, 2000), Aïda, Marianna, et enfin Sara. Le choix du terme « dot » dit bien la fin de la déshérence. Cette œuvre de Marie-Célie Agnant est incontestablement le roman de la réconciliation des espaces ; une fois de plus, c'est *La Québécoite* qui se profile en filigranes avec sa phrase finale : « la place du Québec est à Saint-Germain-des-Prés ». Marianna, rentrée au pays, n'est plus une errante à la démarche hésitante ; mais elle ne devient pas pour autant une flâneuse : sa place, comme elle se plaît à le souligner à la fin du roman, est sur la galerie entourant sa maison, une autre manière de maîtriser l'espace et d'observer, mais à l'intérieur d'un périmètre de sécurité éprouvé par des générations de femmes et de fillettes...

CHAPITRE X

Abla Farhoud
Splendide solitude (2001)

Bio-bibliographie

Abla Farhoud est née au Liban et a émigré au Canada dans les années 1950. Dans la polyphonie migrante, sa voix fait entendre elle aussi des modulations d'une très grande qualité. Initialement connue comme dramaturge, elle décide d'explorer à son tour la veine romanesque et se taille d'entrée de jeu une place de choix avec son roman *Le bonheur a la queue glissante*, paru en 1998. Il met en scène une femme vieillissante, immigrée d'origine libanaise, Dounia. Femme transitive, en quelque sorte, elle est constamment ouverte et offerte aux autres : à son mari, à ses enfants et petits-enfants ; en état de disponibilité perpétuelle, elle vit sa vie au second plan et, malgré son extraordinaire richesse intérieure, elle se cantonne dans une position effacée : révélatrice, passeuse, facteur d'émancipation pour les siens – à l'exception de son fils aîné Abdallah, victime comme elle de leurs déracinements successifs et de la figure écrasante du père. Ici encore, comme chez Marie-Célie Agnant, l'exil est porteur de marginalisation, pouvant aller jusqu'à l'aliénation : les crises de démence d'Abdallah déboucheront sur son internement, quant à Dounia, elle finira à l'hospice, délaissée par des enfants trop occupés.

L'ouvrage module ainsi les premières notes de ce qui constituera les thèmes majeurs de son second roman : l'approche de la vieillesse et la solitude.

Une vie par procuration

Dans *Splendide solitude*[1], paru en 2001, toute trace de migrance a disparu : la protagoniste, évoquée tantôt à la première, tantôt à la troisième personne, n'est jamais nommée ; québécoise pure laine ou autre, cela n'a guère d'importance ici, seuls la caractérisent son âge : autour de

---

[1] Farhoud A., *Splendide solitude*, Montréal, Hexagone, 2001. Dorénavant, pour les citations, on utilisera l'abréviation *Ss*, suivie de la référence de page entre parenthèses.

la cinquantaine, et son état de femme seule : mari et enfants ont déserté le domicile. Ces départs successifs engendrent un lent et irrésistible processus de repli sur soi, qui culmine lorsqu'elle décide de se couper du monde :

> Depuis trente-trois jours, je suis prisonnière et geôlière. Je boude le monde qui m'entoure.
>
> [...]
>
> Je me suis enfermée pour revivre à satiété les moments de bonheur, les moments de malheur, de chagrin, avec lui et avec les enfants, sans lui et sans les enfants. (*Ss*, 137-138)
>
> Combien de temps vais-je rester enfermée ? Depuis combien de temps suis-je ici, seule dans cette maison ? À quel moment ai-je pris la décision de ne voir personne ? Depuis quand ai-je dit à mes amies que je partais en voyage ? Quand ai-je vu mes enfants pour la dernière fois ? (*Ss*, 183)

Cette longue anamnèse est l'unique solution qui s'offre pour d'indispensables retrouvailles avec elle-même :

> J'ai longtemps échappé à moi-même, à ma difficulté d'être. J'ai longtemps échappé à ma difficulté d'exister par moi-même et pour moi-même, avec tous les risques que cela exige. J'ai parfois même oublié que j'existais.
>
> [...]
>
> C'est lui qui montait sur scène, c'est moi qui restais dans les coulisses. Je suis restée dans les coulisses de ma vie sans jamais me mesurer, sans jamais me mettre en avant.
>
> [...]
>
> Si je continue à vivre comme avant, je mourrai sans savoir qui je suis, car toute ma vie je suis restée en retrait de moi-même, je ne me suis pas battue pour exister, je ne me suis pas mise au monde. J'ai aidé les autres à s'accomplir, c'était facile pour moi de le faire. Je les ai aidés non par grandeur d'âme, mais par manque d'intérêt envers moi-même. Pour remplir le vide. Le vide de moi. (*Ss*, 187-189)

Indice de la cohérence profonde de l'œuvre, on trouve ici, résumée en quelques lignes, la vie de Dounia ; mais il s'agit bien cette fois d'un stade à dépasser, ce qu'attestent clairement les chapitres 55, où la narratrice se livre à un « ménage de printemps », et 56, où elle téléphone à ses amies pour les inviter à une lecture de ses écrits. Dans une certaine mesure, cette coupure par rapport au monde extérieur, choisie par la protagoniste, rappelle l'emmurement de François Galarneau, sa mort au monde et sa renaissance par la vécriture : dans les deux cas, une rupture amoureuse sert de catalyseur (sans être pour autant l'unique cause) au repli sur soi, tandis que la réouverture au monde, à l'ultime fin du récit, se traduit par le désir de communiquer aux autres ses écrits ; à quoi s'ajoute, chez Farhoud, l'importance de la musique, que traduit notamment le leitmotiv du piano. Le *mais* adversatif sur lequel s'achève le roman :

> Tout le monde est parti, mais le piano est encore là.

laisse le récit ouvert ; la fin de son exil intérieur :

> [...] Je venais de perdre ce qui était devenu ma patrie : la musique de celui que j'aime. Apatride, je le suis devenue, sans changer de maison. (*Ss*, 35)

paraît proche – une touche d'espoir qui entre en résonance avec les derniers mots de *La Québécoite* :

> la place du Québec est à Saint-Germain-des-Prés.

La création – littérature et musique – lui permettrait d'effectuer la synthèse de ses contradictions et déchirements intérieurs.

L'impossible flâneuse

Chez Régine Robin, la flânerie permet de restituer à la « ville schizophrène » une certaine cohérence ; chez Marie-Célie Agnant, cette solution échoue, les trottoirs ne reconnaissant pas les pas de la protagoniste ; il est intéressant dès lors de voir ce qu'il en est chez Abla Farhoud, tout en rappelant que rien n'indexe la protagoniste comme migrante (à la différence de Dounia) ; la question devient dès lors, la flânerie offre-t-elle une clef pour sortir de son exil intérieur ?

Deux scènes méritent d'être épinglées. La première intervient au chapitre 47 ; elle nous dépeint la protagoniste marchant dans la ville :

> Sans savoir exactement ce qui me bouleverse, la vieille ou le jeune page respectueux, je marche vers je ne sais où. Tout droit devant moi. Fuir cette image tremblotante, ce béret de laine et cette robe satinée en tissu de cercueil. Marcher tout droit jusqu'à ce que mon dos me rappelle que j'ai un corps, qu'il s'en va, lui aussi, vers la vieillesse obligée.
> [...] Elle a marché dans la rue Saint-Viateur, tout droit sans rien voir, du Mile End vers Outremont, jusqu'au parc qui du temps où ses enfants étaient petits s'appelait le parc Soleil. (*Ss*, 162)

On le voit, il n'est guère question de flânerie ici ; mais bien d'une fuite devant une nouvelle agression du temps et de la vieillesse (la vision d'une vieille femme déchue l'a fait fuir d'un café où elle a ses habitudes).

Sa deuxième sortie en ville fait l'objet du chapitre 56 ; elle s'effectue à bicyclette, un mode de déplacement qui, en soi, n'empêcherait nullement la flânerie. Pourtant, dès la troisième phrase, l'évocation de la balade laisse la place à des considérations sur la vieillesse : nouveau constat négatif donc. En fait, ces deux scènes trahissent une même incompatibilité entre l'état d'esprit de la protagoniste et celui du flâneur : dans l'une comme dans l'autre, il lui manque le « nonchaloir » – qualité intrinsèque du flâneur, aux yeux de W. Benjamin (1989 : 352) –, la disponibilité, la vacance d'esprit, qui lui permettraient de s'ouvrir au monde extérieur :

> Pour le parfait flâneur... c'est une immense jouissance que d'élire domicile dans le nombre, dans l'ondoyant... Être hors de chez soi, et pourtant se sentir partout chez soi ; voir le monde, être au centre du monde et rester caché au monde, tels sont quelques-uns des moindres plaisirs de ces esprits indépendants, passionnés, impartiaux [! !], que la langue ne peut que maladroitement définir. L'observateur est un *prince*, qui jouit partout de son incognito... L'amoureux de la vie universelle entre dans la foule comme dans un immense réservoir d'électricité. On peut aussi le comparer, lui, à un miroir aussi immense que cette foule ; à un kaléidoscope doué de conscience, qui, à chacun de ses mouvements, représente la vie multiple et la grâce mouvante de tous les éléments de la vie. (Baudelaire, cité dans Benjamin, 1989 : 460)

Cette description, qui convient magnifiquement à la protagoniste de *La Québécoite*, est on ne peut plus étrangère à celle de *Splendide solitude* ; sa fuite en avant, au chapitre 47, le dit d'ailleurs clairement : « Elle a marché [...] tout droit sans rien voir ». Qui plus est, ce déplacement aveugle débouche sur un nouveau pèlerinage vers le passé et vers ses enfants ; elle ne sort donc pas de son aliénation à soi-même, mais en outre cet enfermement dans son propre passé lui fait manquer une dimension importante de la flânerie :

> La rue conduit celui qui flâne vers un temps révolu. Pour lui, chaque rue [...] mène [...] dans un passé qui peut être d'autant plus envoûtant qu'il n'est pas son propre passé, son passé privé. (Benjamin, 1989 : 434)

Ces deux scènes paraissent donc apporter une réponse plutôt négative, du moins pour ce qui touche à la flânerie, dans la mesure où le déplacement de la protagoniste a un but, est orienté vers une fin, n'est nullement gratuit. Toutefois, elles sont porteuses de solution, facteur de catharsis : ses larmes recommencent à couler, à la fin de la première ; tandis que l'escapade à bicyclette coïncide avec la phase de sa renaissance au monde.

De la sorte, si la figure féminine créée par Robin peut être réellement qualifiée de flâneuse, chez Farhoud en revanche elle tiendrait davantage de la voyeuse ; elle aime observer les clients dans les cafés :

> Je suis la seule à boire son café en regardant les autres. (*Ss*, 161)

Cette remarque précède de peu sa fuite : le spectacle de la déchéance de la vieille femme, en contraste avec la sollicitude du jeune serveur, lui étant soudain devenu insupportable. Quelques chapitres plus loin, une scène symétrique vient inverser le mouvement : mettant à nouveau en présence une vieille femme et un homme plus jeune, qui s'avère être son fils, elle se charge de connotations positives : la protagoniste, attendrie par la qualité de leur relation, n'hésite pas à engager le dialogue ; l'échange s'achève sur une touche d'espoir, la mère lui prédisant la venue de la sérénité, en même temps que la vieillesse. Le café redevient du même coup un lieu de socialité, ce qu'il était chez Gabrielle Roy et Régine Robin.

Dans cette position d'observatrice, sinon de voyeuse, sa place de prédilection est à la fenêtre ; où l'on rejoint le constat fait par Pierre Nepveu, à propos de la poésie québécoise actuelle :

> [Les poètes] se trouvent très souvent dans la position d'observateurs, une position dont le point de départ serait celle de l'homme ou de la femme à sa fenêtre, fréquente par exemple chez une poète comme Louise Dupré (Nepveu, 2004 : 230-231)

On sait que, chez les descripteurs réalistes, la description peut être justifiée par plusieurs artifices ; elle peut notamment être présentée comme le faire d'un acteur (personnage ou narrateur) selon le mode du VOIR :

> La description est prise en charge dans ce cas, par un observateur doué de la possibilité de voir, d'observer. Ce qui ne va pas sans rejaillir sur le choix des qualifications du voyeur (peintre, badaud, espion...) et sur les motivations (curieux, intrigué, nouveau venu...). À quoi il faut ajouter que le personnage en question doit être placé dans un milieu ambiant favorisant son penchant à l'observation (lieu élevé, ouverture, milieu transparent...) et accomplir une action-prétexte caractéristique (être à l'avance à un rendez-vous, arriver dans un milieu inconnu...). (Adam et Petitjean, 1989 : 41)

Pourtant là s'arrête le rapprochement avec la description réaliste. Farhoud, en effet, bénéficie de tout l'acquis du XXe siècle – une ère de contestation radicale de l'esthétique réaliste, qui se traduit notamment par l'élaboration de diverses stratégies visant à briser toute illusion référentielle, ainsi qu'à attirer l'attention du lecteur sur la subjectivité de l'acte descripteur. Désormais,

> L'antagonisme description / récit se trouve effacé, la description servant de support actif à la fabrication du récit. (Adam et Petitjean : 68)

Chez Farhoud, non seulement la description n'est jamais le résultat d'une action-prétexte, mais elle répond au contraire, dans le chef de la protagoniste, à un réel besoin, remontant à plusieurs années :

> Elle était assise dans sa grande cuisine blanche, face à la fenêtre. Elle aimait cette place, à bonne distance de la fenêtre, de l'arbre qu'elle regardait gran-

dir, verdir, rougir, blanchir. Et recommencer. Elle aimait ces briques de la maison d'à côté, pas trop proches, pas trop éloignées, vieilles et belles comme elle aurait aimé être. Une brique n'a pas d'enfants, une brique renferme en elle tout ce qu'elle est. Elle n'a besoin de personne. Elle soutient pourtant la brique d'au-dessus, elle est soutenue par la brique d'en dessous. Elle aimait ces moments passés à regarder l'arbre, les briques ou les voisins. Cigarette entre deux doigts d'une main, tasse de café dans l'autre, et le regard tourné vers le dehors. Moments doux et mille fois répétés depuis plus de trente ans, depuis qu'ils avaient emménagé dans cette maison. À cette même place, cigarette côté gauche, café côté droit, compagnons de sa peine, après son départ, après chaque départ. (*Ss*, 41)

On voit bien que l'objet véritable de la description n'est pas celui qu'on croit : ni arbre, ni briques, ni voisins ; l'essentiel est ailleurs : en elle-même, comme le montre le traitement expéditif qu'elle réserve au cycle des saisons et, à l'inverse, l'anaphore *Elle (aimait)*, ou encore le processus d'anamorphisation des briques : « vieilles et belles comme elle aurait aimé être », etc. Elle-même, face au temps et au vieillissement de toute chose.

On assiste, dans ce passage, à la mise en place d'une technique de description-gigogne : cette première description contient les germes des suivantes et toutes viennent s'emboîter l'une dans l'autre.

Le fil rouge en est bien sûr la fenêtre (*Ss*, 41, 123, 127, 135, 141, 179). Dans son analyse de la fenêtre « thématisation du pouvoir-voir du personnage », Philippe Hamon épingle le fait que :

> Son « cadre » annonce et découpe le spectacle contemplé, à la fois sertissant et justifiant le « tableau » descriptif qui va suivre. (Hamon, 1991 : 266)

Au nombre des jalons importants figure aussi la mention des briques ; déjà mise en relief par de nombreuses récurrences dans le passage précédent, elle va se trouver relayée dans le chapitre 36, qu'elle encadre[2] :

> Derrière ce mur de briques, que je regarde depuis des années, derrière cette porte, ces fenêtres, il y a une salle à manger, des chambres. De ma fenêtre, je ne vois qu'une partie de la cuisine, une petite partie de la salle à manger, et un tout petit coin de la chambre.
>
> [...]
>
> Je suis revenue m'asseoir à ma table. J'ai regardé les briques. Les briques et le ciel.

---

[2] Pour les notions de répétition-gigogne et de reprise encadrante, cf. Frédéric, 1984 et 1985.

La protagoniste optera bientôt pour ce dernier :

> Regarder le ciel au lieu de toujours regarder les briques et les voisins. (*Ss*, 180)

Toutefois son vieux voisin restera l'objet de ses pensées et de ses observations : il occupe à lui seul le chapitre 36, dont les dernières lignes :

> En remontant, j'ai salué le vieux qui ne m'a pas rendu mon salut. Il me reconnaît une fois sur deux, et bientôt plus du tout. (*Ss*, 130)

annoncent la fin du récit :

> Le vieux d'à côté est parti. Je ne croyais pas que ça arriverait si vite. Juste avant de partir, il est sorti sur son balcon, son compagnon resté à l'intérieur le surveillait discrètement, il a trottiné jusqu'à la rampe, je l'ai salué de la main, il n'a pas répondu à mon geste ni à mon sourire... (*Ss*, 196)

Le trottinement caractérisait déjà sa démarche au chapitre 36, revenant à deux reprises ; de même que ce constat :

> Je ne sais pas le nom du vieil homme qui habite là. Je sais seulement qu'il est devenu vieux sous mes yeux. (*Ss*, 127)
>
> [...]
>
> Mon voisin d'à côté est devenu vieux sous mes yeux. L'homme qu'il était est devenu le vieil homme, comme je suis passée de la jeune femme avec de jeunes enfants à la femme avec de grands enfants, puis sans enfants. Et bientôt la vieille femme. (*Ss*, 129)

À nouveau se fait jour l'idée que le processus de vieillissement décrit ici vaut surtout par le reflet d'elle-même qu'il lui renvoie. De fait, en suivant le fil de toutes ces descriptions, c'est l'histoire de sa reconquête que l'on voit se dévider progressivement, notamment son passage du rôle de témoin à celui d'acteur :

> J'ai préféré regarder dehors. Préférence, habitude ou réflexe, je ne sais pas. C'est mon programme depuis plus de trente ans : regarder dehors, à travers les fenêtres. Je suis la seule dans toute la ville de Montréal à regarder le ciel à cette minute même, j'en suis sûre.
>
> La maison est imparfaitement silencieuse. Le frigo s'énerve parfois, à intervalles réguliers. Mon voisin d'à côté passe.
>
> Depuis plus de trente ans, je regarde dehors, j'écoute la musique que font les autres, les mots que disent les autres ; cette année, ma résolution est de regarder au-dedans de ma vie. Même si regarder au-dehors est devenu une seconde nature ou peut-être ma nature, qui sait, je me force ; je m'efforce de prendre le taureau par les cornes. Le taureau, c'est moi. Et celle qui empoigne les cornes du taureau, c'est moi. Affronter la bête. (*Ss*, 123)

On retrouve les jalons coutumiers : la fenêtre, le ciel, un voisin, sa place dans le monde et le temps ; une interrogation qui se fait plus pressante au fil des pages :

> Ma place ! Où est ma place ? Devant la télé ? À regarder les autres raconter leur vie et leurs exploits, leurs accomplissements ? Devant la fenêtre ? À regarder les autres vivre leur vie ? Devant un livre, à lire ce que les autres ont imaginé ? Au téléphone, à entendre les histoires des autres, devant la chaîne stéréo, à entendre ce que les autres ont composé ? Au cinéma, au théâtre, à voir la réalisation des autres, la performance des autres ? (*Ss*, 135)

Sa vie par procuration, sa relégation volontaire au second plan, sont en passe d'être révolues. Elle prend conscience peu à peu de son statut de témoin, mais aussi de la nécessité de communiquer, de partager l'expérience accumulée (*Ss*, 136). Désormais elle est mûre pour un retour au monde : fin de l'ascèse donc, suivie bientôt de l'invitation à la séance de lecture.

Femme de haute solitude

Si l'on jette à présent un regard rétrospectif sur les protagonistes féminines mises en scène par Robin, Agnant et Farhoud, force est de constater que, en dépit du fait qu'on est bien en présence de ce que la critique appelle désormais l'écriture migrante, la marginalisation de ces femmes ne paraît pas directement liée à leur condition d'immigrée. Farhoud, on l'a vu, opère à cet égard un glissement significatif du premier au second roman : dans *Splendide solitude*, toute trace de migrance a disparu.

Le terme de *marginalisation* permet de circonscrire, mieux que celui de *solitude*, l'état de ces trois femmes, dans la mesure où seule Farhoud module ce thème, de façon quasi lancinante. Assez paradoxalement, si la solitude est la compagne du flâneur, aux dires de Walter Benjamin, (1989 : 461) et que la protagoniste de Robin en est un parangon, en revanche, cette condition ne semble guère lui peser ; l'essentiel à ses yeux est la perte de ses repères : dans cette « ville schizophrène », cette « ville d'exils juxtaposés », elle est littéralement déboussolée.

Leur marginalisation commune est en réalité liée à la modernité-monde bien plus qu'à l'exil ; d'ailleurs, avant son départ pour Montréal, la narratrice de Robin se sentait déjà étrangère dans le Paris de Belleville et des promoteurs. Son évocation, on l'a vu, est rejetée dans une énumération du premier type : liste sèche, slogans publicitaires mis bout à bout, collage d'annonces immobilières ; tout ceci rejoint le contraste souligné par Jean Chesneaux :

> Cœur de la Commune en 1871, la vieille colline ouvrière de Belleville dans le nord de Paris, qui fut longtemps un vrai village, avait conservé jusque dans les années soixante une forte socialité, des rapports de voisinage très vivants, une culture populaire inscrite dans la langue et les anecdotes, dans les cheminements familiers et les habitudes. Les cortèges du front populaire y furent maîtres de la rue en 1936. C'était là qu'était tombé en 1914 un des obus du canon allemand *Gross Bertha*, et le café « La Vielleuse » en conservait fièrement les éclats, incrustés dans ses miroirs. Mais Belleville a subi dans les années soixante-dix un bombardement bien plus radical, presque un séisme. Les blocs résidentiels, les supermarchés, les rangées de bureaux ont évincé les petites rues et les anciennes maisons basses. Reconstruit à la moderne, le café « La Vielleuse » n'a conservé que son nom, et ses vieux habitués ont laissé place à des immigrés arabes, ou noirs, chinois plus récemment, pour qui ni 1871, ni 1914, ni 1936 n'ont plus guère de signification. (Chesneaux, 1979 : 31)

En définitive, ce qu'elles regrettent toutes trois, c'est la ville comme lieu de socialité. Elles sont en proie à un même état de *dé-solation* ; celui-ci est cerné avec beaucoup de lucidité par Chesneaux, dans le prolongement des thèses de Arendt :

> Tel est l'état de *dé-solation*, selon le terme très fort proposé par Hannah Arendt, auquel sont réduits les femmes et les hommes de la modernité. Déracinés, privés de *sol*, les humains perdent à la fois le moi et le monde, et cette expérience de non-appartenance, de solitude existentielle, dit Hannah Arendt, est une des expériences les plus radicalement désespérées, une expérience qui rejoint peut-être l'inquiétude pascalienne de voir les humains *divertis*, détournés des autres et donc d'eux-mêmes.
>
> [...] « Le plus grand besoin, de beaucoup, qui prévaut est le problème de l'aliénation et de la dés-appartenance [...] par rapport au corps social. »
>
> [...] C'est en Occident que la crise humaine de la fin du XXe siècle est le plus directement perceptible en tant que telle, car c'est là qu'elle se développe comme phénomène *moral*, surgi d'une société où la vie matérielle reste pourtant privilégiée pour le plus grand nombre. (*Ibid.* : 173)

De fait, aux yeux de Marianna, la mégapole montréalaise n'a plus rien à voir avec la convivialité insulaire. Agnant a d'ailleurs fait de l'aliénation le nœud de son œuvre ; dans *Le livre d'Emma*, elle sera poussée à son paroxysme : la protagoniste, rejetée dès la naissance, se verra internée dans un hôpital psychiatrique et coupera définitivement tout contact en se suicidant.

En réponse à sa dé-solation, la protagoniste de Robin choisit au contraire de faire sienne l'attitude du flâneur, rappelée par Benjamin :

> Pour le parfait flâneur... c'est une immense jouissance que d'élire domicile dans le nombre [...]. Être hors de chez soi, et pourtant se sentir partout chez soi. (Benjamin, 1989 : 460)

Du reste leur but est le même :

> Le labyrinthe est le bon chemin pour celui qui arrive toujours bien assez tôt au but. Ce but, pour le flâneur, est le marché. (Benjamin, 1989 : 353)

Chesneaux rappelle lui aussi le rôle social du marché :

> En ville, la vie sociale s'était longtemps organisée autour des lieux de socialité, cathédrale ou marché, parc ou place principale, où tous se retrouvaient spontanément aux moments politiques décisifs. (Chesneaux, 1979 : 31)

Chez Robin, marchés, cafés, métro et autres lieux publics rendent à la mégapole une certaine cohérence. Chez Agnant, seuls un marché en plein air et la rue Saint-Laurent trouvent grâce auprès de Marianna. Chez Farhoud, le café, d'abord source d'angoisse, finira par redevenir un lieu de socialité.

Pour conclure, on rappellera l'évolution allant dans le sens d'une « intériorisation », d'une « privatisation » progressive qu'on a vu se dessiner, de la rue chez Robin, à la galerie chez Agnant, puis à la fenêtre chez Farhoud ; elle reflète l'aptitude ou non de la protagoniste à l'état de flânerie. On observera que le confinement maximal coïncide également avec l'évocation de la solitude ; la boucle est ainsi bouclée...

Conclusions

Au terme de cet ouvrage, le choix du titre aura, on l'espère, trouvé sa justification. « Polyptyque », dans la mesure où l'option de départ était très clairement la suivante : un auteur, un livre, une méthode. Toutefois, à l'occasion, le choix du corpus s'est étendu à l'un ou l'autre roman plus récent, quand le fil de l'analyse le justifiait ; voire à l'œuvre, comme dans le cas de Lalonde, dès lors que le thème de l'origine permet d'en saisir la cohérence profonde. La perspective méthodologique s'est également ouverte au besoin, tant il est vrai qu'une méthode se suffit rarement à elle seule.

Le parcours s'est amorcé avec un roman de facture classique : *Bonheur d'occasion* offre au lecteur des repères familiers. Très rapidement pourtant, ce roman traditionnel à la Balzac va se trouver battu en brèche ; Gabrielle Roy elle-même renonce à la toute-puissance du narrateur pour emprunter la voie homodiégétique. Dans les années 1960, une contestation encore plus radicale s'amorce, qui culminera dans les années 1980, au point que certaines perspectives « canoniques » s'avèrent inopérantes, telle la notion d'intrigue ou encore celle de personnage. Il n'en reste pas moins que l'approche narratologique trouve encore sa justification ici et là : l'examen de l'instance narrative, par exemple, est fondamental en ce qui concerne *La Québécoite*, tout comme celui du temps s'impose pour *Une belle journée d'avance* ; tandis que ces deux paramètres conjugués donnent la clef de *Kamouraska*.

Force est pourtant de constater que, si elle se justifie, une telle perspective est cependant loin d'épuiser le sujet. La stylistique, redéfinie comme « analyse de la forme d'un texte, aussi bien la forme de l'expression que celle du contenu » (Frédéric, 1997), offre alors un utile appoint. De fait, passer sous silence l'énumération dans *La Québécoite* revient à manquer un trait d'écriture essentiel, quantitativement, mais on a vu aussi son importance sur le plan du contenu : elle permet de cerner l'évolution qui se dessine dans l'appréhension par la protagoniste de son nouveau territoire et, ce faisant, elle inscrit cette démarche dans une filiation littéraire remontant aux écrits de la Nouvelle-France. Dans *Une belle journée d'avance*, l'approche narratologique se révèle impropre à caractériser les séquences embryonnaires ; or celles-ci ont partie liée avec le jeu temporel. Ce sont donc des pans entiers de l'œuvre qui risquent ainsi d'échapper à celui qui se bornerait à une investigation strictement narratologique. La stylistique, ici encore, permet d'approfondir l'analyse de ces séquences qui, par leurs jeux de rythme et de répétitions en tout genre, détournent le lecteur d'une lecture linéaire vers une lecture tabulaire, et attirent le roman dans la sphère de la poésie. Ces deux modes d'approche gagnent à être étayés à leur tour par une investigation d'ordre thématique, dès lors que la quête de l'origine non seulement apporte un surcroît de sens aux jeux temporels tout autant qu'aux séquences embryonnaires, mais aussi restitue à l'œuvre de Lalonde toute sa cohérence.

Thématique et stylistique se conjuguent également lorsque l'on tente de suivre l'évolution réservée par Blais au thème de la mort : l'ouverture à l'universel va de pair avec un renouvellement des techniques d'écriture qui gomme lui aussi les frontières génériques entre prose et poésie.

Narratologie et stylistique conjointes s'avèrent efficaces quand il s'agit d'appréhender la novation romanesque chez Aquin : réduplications diverses, mise en abyme, diffraction de l'intrigue, éclatement de la notion de personnage. Toutefois l'analyse interne ne peut suffire et la perspective doit impérativement s'ouvrir à la dimension sociopolitique.

Dans la correspondance étroite entre texte et contexte, les apports de Bakhtine sont multiples, qu'il s'agisse de l'examen des chronotopes chez Roy, du carnavalesque chez Ducharme et Godbout, ou encore de la polyphonie chez Hébert et Robin.

Quant aux thèses de Walter Benjamin, elles favorisent un renouvellement de la perspective thématique traditionnelle. On songe à la notion de modernité et à ses avatars dans la modernité-monde, tant montréalaise que parisienne, qui se met en place à partir des années 1980 : une figure féminine y sera confrontée tour à tour chez Robin, Noël, Beauchemin, Agnant, Farhoud, notamment. L'évolution du flâneur ne manque pas non plus d'intérêt : chez Robin, le flâneur se mue en décrypteur, en même temps que le personnage devient actif et se rebelle contre son créateur. Mais surtout ce flâneur est une flâneuse ; en cela le dysfonctionnement du modèle aussi est révélateur : l'impossibilité de la flânerie chez Agnant et Farhoud est symptomatique de la marginalité et de la solitude des protagonistes. Vivre « en marge de la marge » (Agnant, 2002), telle paraît être la condition – remédiable heureusement – quand on est femme, noire, immigrée dans *La dot de Sara*, ou tout simplement une femme vieillissante dans *Splendide solitude*.

On pointe ici un apport non négligeable des *gender studies* auxquelles on est redevable d'avoir attiré l'attention sur l'importance de la sexuation de l'espace. L'œuvre d'Agnant, et celle de Farhoud, le montrent à suffisance : la femme est encore trop souvent confinée chez elle ; à l'aube du XXIe siècle encore, même dans les pays dits modernes, pour certaines catégories sociales en tout cas, l'espace privé reste féminin, l'espace public masculin. Au passage, on soulignera ce nouvel exemple de convergence méthodologique ; c'est l'examen de figures proches : la récurrence de l'énumération de lieux publics chez Robin, celle de la description « cadrée » à travers la fenêtre chez Farhoud, qui permet de faire la différence entre émancipation et aliénation féminine.

Outre l'ouverture à diverses méthodes d'investigation du texte qu'il propose, ce polyptyque permet aussi d'appréhender des pans de l'histoire du Québec et du monde ; plus précisément, il met en lumière des variations significatives dans l'écriture de cette histoire. Celles-ci me paraissent rejoindre les concepts de tissage des mémoires et de roman mémoriel, élaborés par Robin :

> La mise en rapport qu'institue le syntagme « roman mémoriel » implique qu'on ait affaire à un ensemble de textes, de rites, de codes symboliques, d'images et de représentations où se mêlent dans une intrication serrée l'analyse des réalités sociales du passé, des commentaires, des jugements stéréotypés ou non, des souvenirs réels ou racontés, des souvenirs écrans, du mythe, de l'idéologique et de l'activation d'images culturelles ou de syntagmes lus, entendus, qui viennent s'agglutiner à l'analyse. (Robin, 1989 : 48)

Il ne s'agit en aucune façon de chercher à plaquer mécaniquement les catégories de Robin ; elle insiste d'ailleurs elle-même sur le fait qu'il n'y a pas de cloison étanche entre les types de mémoire qu'elle distingue. Il me semble pourtant que l'on peut faire raisonnablement l'hypothèse que le roman mémoriel chez Lalonde tire sensiblement vers le mythe : celui d'une filiation édénique ; chez Roy et Aquin, vers l'idéologique : la première élaborant quelque chose qui ressemble à une mémoire nationale – le passé récent de la Crise et du « salut par la guerre » autorisant une aspiration québécoise à plus d'autonomie – le second déconstruisant ce méta-discours. La mémoire collective juxtapose traces et trous de mémoires à propos des morts de Mauthausen et de Therezin chez Blais, de la rafle du Vélodrome d'Hiver chez Robin ; dans l'un et l'autre cas, l'écriture de l'histoire « joue » sous l'effet des souvenirs écrans. L'étude devient dès lors « work in progress », rejoignant les recherches que je mène depuis plusieurs années sur l'écriture /la réécriture de 1914-1918, le travail de la mémoire et la notion de mise en intrigue centrale dans la réflexion de Ricoeur.

Je ne résiste pas à l'envie de clore ce livre sur cet extrait du *Roman mémoriel* :

> Imaginons [...] que l'institution littéraire (assez fermée) accepte de publier une quinzaine d'écrivains francophones mais pas québécois au sens ethnique du terme. Imaginons la situation où, au milieu de la production québécoise ambiante il y ait sur le marché les textes de :
> Un ou deux Haïtiens

> Un ou deux Français
> Un Belge
> Un Suisse
> Un juif marocain
> Un Libanais
> Deux Vietnamiens
> Un Italo-québécois francophone
> Un ou deux Latino-américains francophones
> Imaginons un instant que ce phénomène devienne massif, à Montréal, où, à petite échelle, il a déjà commencé.
>
> On ne peut pas savoir à l'avance ce que ce phénomène donnerait mais à coup sûr, des thématiques autres, des formes autres, des transformations linguistiques, lexicales, parfois même syntaxiques, une hybridité culturelle affirmée, de nouveaux conflits, de nouveaux problèmes y compris de nouveaux types d'écriture, la formation peut-être d'un nouvel imaginaire social. (Robin, 1989 : 178-179)

Cette hypothèse, faite par Robin en 1989, est devenue réalité quelques années plus tard : la Québécoite s'est muée en chantre de l'écriture migrante, suivie par Agnant et Farhoud, pour ne reprendre que des écrivaines évoquées dans ces pages. Toutes ont contribué à faire entendre des modulations originales, formelles et thématiques : une tonalité novatrice bienvenue, incontestablement.

Un tout dernier mot encore, à propos de l'adjectif « québécois » ; si, dans un premier temps, la perspective a été centrée sur l'institution littéraire québécoise, c'est que par sa richesse et son évolution rapide en un demi siècle, celle-ci justifiait ce choix ; cependant, il est clair que l'analyse doit impérativement être élargie aux autres littératures francophones du Canada. Gabrielle Roy d'ailleurs, qui ouvrait cette étude, apparaît comme une figure emblématique à cet égard : Manitobaine d'origine, elle s'est vue rapidement intégrée (annexée) au patrimoine littéraire québécois, ce qui ne l'empêchera pas de se sentir longtemps considérée comme une étrangère au Québec. Bon nombre de suggestions méthodologiques faites ici peuvent être appliquées à des productions littéraires hors Québec : il suffit de songer à la dimension carnavalesque de l'œuvre d'Antonine Maillet. Du côté de l'Acadie toujours, l'univers romanesque de France Daigle incarne sans conteste la rénovation de l'écriture féminine, en même temps qu'une nouvelle modulation dans la mise en texte de l'Histoire et le tissage des mémoires. Un roman comme *1953. Chronique d'une naissance annoncée* me paraît, en effet, participer de la distinction qu'établit Régine Robin, dans *Le roman mémoriel*, entre l'histoire synchronique pratiquée par Halbwachs et la mémoire collective :

M. Halbwachs reconstitue un ensemble d'événements qui sont contemporains du jour de sa naissance, mais il fait de l'histoire synchronique, mêlant de vraies pages d'histoire, à de l'entendu familial, mais rien n'est vivant pour lui. Il ne peut vibrer à l'évocation de ces événements. La mémoire collective, au contraire, entraîne un affect qui trahit l'émotion. Faite de souvenirs réels ou de souvenirs écrans, de souvenirs « enveloppés », faite de témoignages directs ou de traditions familiales, elle doit déclencher un affect qui établit la participation du corps au souvenir. Elle est à la fois ce qui établit le lien entre la mémoire vivante, et la mémoire normée, mémoire de groupe, encadrée socialement, encadrée aussi par la tradition familiale. Mémoire identitaire, close sur elle-même, menacée et jalouse de sa singularité. (Robin, 1989 : 52)

Telle est précisément la démarche de France Daigle, jusque et y compris la participation du corps au souvenir. Qu'elle ait partie liée avec la mémoire collective, la suite de son œuvre le montre clairement : chacun de ses romans incarne une étape dans la constitution d'une nouvelle identité collective acadienne et dans une réécriture de l'histoire tournée non plus vers le passé – celui du Grand Dérangement, notamment (un reproche que d'aucuns ont pu faire à l'œuvre d'Antonine Maillet) –, mais vers l'avenir.

Que l'élaboration de l'identité collective des francophones du Canada soit redevable, parmi d'autres, à Gabrielle Roy, Régine Robin, Marie-Célie Agnant, Abla Farhoud, ou encore France Daigle, n'est évidemment pas pour nous déplaire...

Bibliographie

ADAM Jean-Michel et PETITJEAN André (1989), *Le texte descriptif. Poétique historique et linguistique textuelle*, Paris, Nathan.

AGNANT Marie-Célie (1995), *La dot de Sara*, Montréal, Les éditions du remue-ménage.

AGNANT Marie-Célie (1997), *Le silence comme le sang*, Montréal, Les éditions du remue-ménage.

AGNANT Marie-Célie (1999a), *Le Noël de Maïté*, Montréal, Éditions Hurtubise HMH.

AGNANT Marie-Célie (1999b), *Alexis d'Haïti*, Montréal, Éditions Hurtubise HMH.

AGNANT Marie-Célie (2000), *Alexis fils de Raphaël*, Montréal, Éditions Hurtubise HMH.

AGNANT Marie-Célie (2002), « Écrire en marge de la marge », in Marc MAUFORT et Franca BELLARSI (dir.), *Reconfigurations. Canadian Literatures and Postcolonial Identities/Littératures canadiennes et identités postcoloniales*, Bruxelles, PIE-Peter Lang, pp. 15-20.

AGNANT Marie-Célie (2003), *L'oranger magique. Conte d'Haïti*, Éditions Les 400 coups.

ALLARD Jacques (1997), *Le Roman mauve. Microlectures de la fiction récente au Québec*, Montréal, Éditions Québec Amérique.

ALLARD Jacques (2000), *Le roman du Québec. Histoire. Perspectives. Lectures*, Montréal, Éditions Québec Amérique.

ALLARD Jacques et FRÉDÉRIC Madeleine (dir.) (1987), *Québec – Acadie. Modernité / postmodernité du roman contemporain*, Montréal, UQAM, Les Cahiers du Département d'Études littéraires, 11.

ANDRIEN Christine (1991), « L'évolution romanesque de Jacques Godbout : pertinence et limites d'une approche carnavalesque », Université Libre de Bruxelles, mémoire de licence.

AQUIN Hubert (1965), *Prochain épisode*, Ottawa, Le Cercle du Livre de France.

AQUIN Hubert (1968), *Trou de mémoire*, Ottawa, Le Cercle du Livre de France.

AQUIN Hubert (1969), *L'Antiphonaire*, Ottawa, Le Cercle du Livre de France.

AQUIN Hubert (1971), *Point de fuite*, Ottawa, Le Cercle du Livre de France.

AQUIN Hubert (1974), *Neige noire*, Ottawa, Le Cercle du Livre de France.

AQUIN Hubert (1977), *Blocs erratiques*, Montréal, Quinze.

ARAGON Louis (1926), *Le paysan de Paris*, Paris, Gallimard, coll. Folio.

ARENDT Hannah (1972), *Le système totalitaire*, Paris, Seuil, coll. Points.

AUDET René et MERCIER Andrée (dir.) (2004), *La narrativité contemporaine au Québec. I La littérature et ses enjeux narratifs*, Québec, Presses de l'Université Laval.

BAKHTINE Mikhaïl (1970), *L'œuvre de François Rabelais et la culture populaire au Moyen Âge et sous la Renaissance*, Paris, Gallimard.

BAKHTINE Mikhaïl (1978), *Esthétique et théorie du roman*, Paris, Gallimard.

BEAUCHEMIN Yves (1989), *Juliette Pomerleau*, Paris, Éditions de Fallois.

BEAUDET Marie-Andrée (dir.) (1999), *« Bonheur d'occasion » au pluriel. Lectures et approches critiques*, Québec, Éditions Nota bene.

BENJAMIN Walter (1989), *Paris, capitale du XIXe siècle. Le livre des passages*, Paris, Les Éditions du Cerf.

BISHOP Neil (1984), « Distance, point de vue, voix et idéologie dans *Les Fous de Bassan* d'Anne Hébert », in *Voix et images*, IX, 2, p. 113-129.

BLAIS Marie-Claire (1965/1966), *Une saison dans la vie d'Emmanuel*, rééd. Paris, Grasset, 1966.

BLAIS Marie-Claire (1968/1981a), *Manuscrits de Pauline Archange*, rééd. Montréal-Paris, Stanké, 1981, coll. 10/10.

BLAIS Marie-Claire (1969/1981b), *Vivre ! Vivre !*, rééd. Montréal-Paris, Stanké, 1981, coll. 10/10.

BLAIS Marie-Claire (1970/1981c), *Les apparences*, rééd. Montréal-Paris, Stanké, 1981, coll. 10/10.

BLAIS Marie-Claire (1979), *Le sourd dans la ville*, Montréal, Stanké.

BLAIS Marie-Claire (1995), *Soifs*, Montréal, Boréal.

BLAIS Marie-Claire (2001), *Dans la foudre et la lumière*, Montréal, Boréal.

BLAIS Marie-Claire (2005), *Augustino et le chœur de la destruction*, Montréal, Boréal.

BRETON André (1964), *Nadja*, Paris, Gallimard, coll. Folio.

CALVO MARTIN Beatriz (2003), « Paroles de conteuse. Une étude stylistique sur "Le livre d'Emma" de Marie-Célie Agnant », Université Libre de Bruxelles, mémoire de licence.

CHASSAY Jean-François (1995), « S'enfuir ou s'enfouir : espaces ducharmiens », in Benoît MELANÇON et Pierre POPOVIC (dir.), *Miscellanées en l'honneur de Gilles Marcotte*, Montréal, Fides, p. 251-266.

CHESNEAUX Jean (1989), *Modernité-monde*, Paris, Éditions La Découverte.

COMBE Dominique (1995), *Poétiques francophones*, Paris, Hachette.

DELBAERE Jeanne (dir.) (1990), *Multiple Voices. Recent Canadian Fiction*, Dangaroo Press.

DION Robert, FORTIER Frances et HAGHEBAERT Élisabeth (dir.) (2001), *Enjeux des genres dans les écritures contemporaines*, Québec, Éditions Nota bene.

DUCHAMP Marcel (1994), *Duchamp du signe*, Paris, Flammarion.

DUCHARME Réjean (1966/1982), *L'avalée des avalés*, rééd. Paris, Gallimard.

DUCHARME Réjean (1967), *Le nez qui voque*, Paris, Gallimard.

DUCHARME Réjean (1968), *L'océantume*, Paris, Gallimard.

Bibliographie

DUCHARME Réjean (1969), *La fille de Christophe Colomb*, Paris, Gallimard.
DUCHARME Réjean (1973), *L'hiver de force*, Paris, Gallimard.
DUCHARME Réjean (1976), *Les enfantômes*, Paris, Gallimard.
DUCHARME Réjean (1990), *Dévadé*, Paris, Gallimard.
DUCHARME Réjean (1994), *Va savoir*, Paris, Gallimard.
DUPRÉ Louise, LINTVELT Jaap et PATERSON Janet M. (dir.) (2002), *Sexuation, espace, écriture. La littérature québécoise en transformation*, Québec, Éditions Nota bene.
ELIADE Mircea (1949), *Le mythe de l'éternel retour. Archétypes et répétition*, Paris, Gallimard.
ELIADE Mircea (1971), *La nostalgie des origines*, Paris, Gallimard.
EVERETT Jane et RICARD François (dir.) (2003), *Gabrielle Roy réécrite*, Québec, Éditions Nota bene.
FARHOUD Abla (1998), *Le bonheur a la queue glissante*, Montréal, Hexagone.
FARHOUD Abla (2001), *Splendide solitude*, Montréal, Hexagone.
FAUCHON André (dir.) (1996), *Colloque international « Gabrielle Roy »*. Actes du colloque soulignant le cinquantième anniversaire de *Bonheur d'occasion*, Presses universitaires de Saint-Boniface.
FENSIE Florence (1990), « Montréal : crise et dépassement de la modernité dans quelques romans québécois des années 80 », Université Libre de Bruxelles, mémoire de licence.
FENSIE Florence (1992), « Montréal, années 80 : une globalisation impossible ? », in Madeleine FRÉDÉRIC (dir.) (1992), *Entre l'Histoire et le roman : la littérature personnelle*, Bruxelles, Université Libre de Bruxelles, Centre d'Études canadiennes, p. 117-128.
FORTIN Nicole (1994), *Une littérature inventée*, Québec, Presses de l'Université Laval.
FRÉDÉRIC Madeleine (1984), *La répétition et ses structures dans l'œuvre poétique de Saint-John Perse*, Paris, Gallimard.
FRÉDÉRIC Madeleine (1985), *La répétition. Étude linguistique et rhétorique*, Tübingen, Max Niemeyer.
FRÉDÉRIC Madeleine (1987), « Lecture », in Neel DOFF, *Keetje*, Bruxelles, Labor, p. 251-272.
FRÉDÉRIC Madeleine (1990), « La littérature anglophone au Québec. Perspectives croisées », in Jeanne DELBAERE (dir.), *Multiple Voices. Recent Canadian Fiction*, Dangaroo Press, p. 175-188.
FRÉDÉRIC Madeleine (dir.) (1992a), *Montréal mégapole littéraire*, Bruxelles, Université Libre de Bruxelles, Centre d'Études canadiennes.
FRÉDÉRIC Madeleine (dir.) (1992b), *Entre l'Histoire et le roman : la littérature personnelle*, Bruxelles, Université Libre de Bruxelles, Centre d'Études canadiennes.
FRÉDÉRIC Madeleine (1997), *La stylistique française en mutation ?*, Bruxelles, Académie royale de Belgique (Classe des Lettres).

FRÉDÉRIC Madeleine et JAUMAIN Serge (dir.) (1999), *La relation de voyage : un document historique et littéraire*, Bruxelles, Université Libre de Bruxelles, Centre d'Études canadiennes.

FRÉDÉRIC Madeleine (2001), « Description-narration de la guerre chez Jean Rouaud », in Robert DION, Frances FORTIER et Élisabeth HAGHEBAERT (dir.), *Enjeux des genres dans les écritures contemporaines*, Québec, Éditions Nota bene, p. 191-206.

GASQUY-RESCH Yannick (coord.), CHEVRIER Jacques et JOUBERT Jean-Louis (2001), *Écrivains francophones du XXe siècle*, Paris, Ellipses.

GAUVIN Lise (2000), *Langagement. L'écrivain et la langue au Québec*, Montréal, Boréal.

GAUVIN Lise (2004), *La fabrique de la langue. De François Rabelais à Réjean Ducharme*, Paris, Seuil.

GAUVIN Lise et MIRON Gaston (dir.) (1989), *Écrivains contemporains du Québec depuis 1950*, Paris, Seghers.

GENETTE Gérard (1972), « Discours du récit », in *Figures III*, Paris, Seuil.

GILBERT Sophie (2000), « Identité, féminité, exil : les Antilles selon Maryse Condé, Gisèle Pineau et Marie-Célie Agnant », Université Libre de Bruxelles, mémoire de licence.

GILLOT Anne (1991), « Les figures maternelles marginales chez quelques auteurs québécois contemporains », Université Libre de Bruxelles, mémoire de licence.

GODBOUT Jacques (1967), *Salut Galarneau !*, Paris, Seuil.

GODBOUT Jacques (1981), *Les têtes à Papineau*, Paris, Seuil.

GODBOUT Jacques (1985), *Souvenirs shop*, Montréal, Hexagone.

GODBOUT Jacques (1986), *Une histoire américaine*, Paris, Seuil.

GODBOUT Jacques (1991), *L'écrivain de province. Journal 1981-1990*, Paris, Seuil.

GODBOUT Jacques (1993), *Le temps des Galarneau*, Paris, Seuil.

GODIN Jean Cléo (dir.) (2001), *Nouvelles écritures francophones. Vers un nouveau baroque ?*, Montréal, Presses de l'Université de Montréal.

GREEN Mary Jean (2002), « Cartographies de la mémoire, réinscription du féminin : l'autofiction chez Régine Robin », in Louise DUPRÉ, Jaap LINTVELT et Janet PATERSON (dir.), *Sexuation, espace, écriture. La littérature québécoise en transformation*, Québec, Éditions Nota bene, pp. 93-113.

HALLIN Françoise (2003), « Sentiment de culpabilité et figure maternelle dans l'œuvre de Gabrielle Roy », Université Libre de Bruxelles, mémoire de licence.

HAMELIN Jean (dir.) (1976), *Histoire du Québec*, Toulouse, Privat.

HAMELIN Jean et PROVENCHER Jean (1981), *Brève histoire du Québec*, Montréal, Boréal Express.

HAMON Philippe (1991), *La description littéraire. De l'Antiquité à Roland Barthes : une anthologie*, Paris, Macula.

HARVEY Robert (1982), *« Kamouraska » d'Anne Hébert. Une écriture de la passion*, Montréal, HMH.

HÉBERT Anne (1960/1970), *Dialogue sur la traduction à propos du « Tombeau des rois »*, Montréal. HMH.
HÉBERT Anne (1970), *Kamouraska*, Paris, Seuil.
HÉBERT Anne (1975), *Les enfants du sabbat*, Paris, Seuil.
HÉBERT Anne (1982), *Les fous de Bassan*, Paris, Seuil.
HÉBERT Anne (1988), *Le premier jardin*, Paris, Seuil.
HÉBERT Anne (1992), *L'enfant chargé de songes*, Paris, Seuil.
HÉBERT Anne (1993), *Œuvre poétique. 1950-1990*, Montréal/Paris, Boréal/Seuil.
HÉBERT Anne (1998), *Est-ce que je te dérange ?*, Paris, Seuil.
IMBERT Patrick (1983), *Roman québécois contemporain et clichés*, Ottawa, Éditions de l'Université d'Ottawa.
KERBRAT-ORECCHIONI Catherine, (1980), *L'énonciation. De la subjectivité dans le langage*, Paris, Armand Colin.
KLINKENBERG Jean-Marie (1997), *Une étude de « Salut Galarneau ! »*, Montréal, Boréal.
LALONDE Robert (1982), *Le dernier été des Indiens*, Paris, Seuil.
LALONDE Robert (1986), *Une belle journée d'avance*, Paris, Seuil.
LALONDE Robert (1988), *Le Fou du père*, Montréal, Boréal.
LALONDE Robert (1989), *Le diable en personne*, Paris, Seuil.
LALONDE Robert (1992), *L'Ogre de Grand Remous*, Paris, Seuil.
LALONDE Robert (1993), *Sept lacs plus au Nord*, Paris, Seuil.
LALONDE Robert (1994), *Le Petit aigle à tête blanche*, Paris, Seuil.
LAMONTAGNE André (1992), *Les mots des autres. La poétique intertextuelle des œuvres romanesques de Hubert Aquin*, Québec, Presses de l'Université Laval.
LAPIERRE René (1980), *Les masques du récit. Lecture de « Prochain épisode » de Hubert Aquin*, Montréal, Éditions Hurtubise HMH.
LAPIERRE René (1981), *L'imaginaire captif, Hubert Aquin*, Montréal, Quinze.
LEQUIN Lucie (2000), « Écrivaines migrantes et éthique », in Anne de VAUCHER (dir.), *D'autres rêves. L'écriture migrante au Québec*, Venise, Supernova éditeur, p. 113-141.
LEQUIN Lucie et VERTHUY Maïr (1996), *Multi-culture, multi-écriture. La voix migrante au féminin en France et au Canada*, Paris, L'Harmattan.
« "Le survenant" et "Bonheur d'occasion" : rencontre de deux mondes » (1997-1998), *Études françaises*, 33, 3.
LHOEST Jean-Marie (1993), « L'image de l'Amérindien et du métis dans quelques romans québécois contemporains », Université Libre de Bruxelles, mémoire de licence.
LHOEST Jean-Marie (1995), « L'image de l'Amérindien et du métis dans quelques romans québécois contemporains », in Serge JAUMAIN et Marc MAUFORT (dir.), *The Guises of Canadian Diversity. New European Perspectives/Les masques de la diversité canadienne. Nouvelles perspectives européennes*, Amsterdam, Rodopi, pp. 93-106.

LINTEAU Paul-André, DUROCHER René, ROBERT Jean-Claude et RICARD François (1989), *Histoire du Québec contemporain. De la Confédération à la crise (1867-1929)*, tome I, Montréal, Boréal compact.

LINTEAU Paul-André, DUROCHER René, ROBERT Jean-Claude et RICARD François (1989), *Histoire du Québec contemporain. Le Québec depuis 1930*, tome II, Montréal, Boréal compact.

LINTVELT Jaap (2000), *Aspects de la narration. Thématique, idéologie et identité (Guy de Maupassant, Julien Green, Anne Hébert, Jacques Poulin)*, Québec-Paris, Éditions Nota bene-L'Harmattan.

MACCABÉE-IQBAL Françoise (1978), *Hubert Aquin romancier*, Québec, Presses de l'Université Laval.

MAILHOT Laurent (1982), « Quand les Français nous découvrent… », in *Lectures européennes de la littérature québécoise. Actes du Colloque international de Montréal (avril 1981)*, Ottawa, Leméac, p. 259-273.

MARCATO FALZONI Franca (dir.) (1990), *Autour de l'univers souterrain dans la littérature québécoise*, Bologne, CLUEB.

MARCATO FALZONI Franca (dir.) (1994), *Mythes et mythologies des origines dans la littérature québécoise*, Bologne, CLUEB.

MARCOTTE Gilles (1976/1989), *Le roman à l'imparfait. La « Révolution tranquille » du roman québécois*, Montréal, L'Hexagone, rééd. Typo.

MARCOTTE Gilles (1989), « *Bonheur d'occasion* et le « grand réalisme » », in *Voix et images*, 42, p. 408-413.

MAUFORT Marc et BELLARSI Franca (dir.) (2002), *Reconfigurations. Canadian Literatures and Postcolonial Identities/ Littératures canadiennes et identités postcoloniales*, Bruxelles, PIE-Peter Lang.

MAZARAKY Liliane (1993), « L'image du flâneur et ses avatars dans la littérature québécoise », Université Libre de Bruxelles, mémoire de licence.

MELANÇON Benoît et POPOVIC Pierre (dir.) (1994), *Montréal 1642-1992. Le grand passage*, Montréal, XYZ.

MELANÇON Joseph (dir.) (1996), *Le discours de l'université sur la littérature québécoise*, Québec, Nuit blanche éditeur.

MILOT Louise et LINTVELT Jaap (dir.) (1992), *Le roman québécois depuis 1960. Méthodes et analyses*, Québec, Presses de l'Université Laval.

MULLER Sabine (1989), « L'univers insulaire chez Réjean Ducharme », Université Libre de Bruxelles, mémoire de licence.

NARDOUT-LAFARGE Élisabeth (2001), *Réjean Ducharme. Une poétique du débris*, Montréal, Fides.

NEPVEU Pierre (1988), *L'écologie du réel. Mort et naissance de la littérature québécoise contemporaine*, Montréal, Boréal.

NEPVEU Pierre (2004), *Lecture des lieux*, Montréal, Boréal.

NEVEU Pierre et MARCOTTE Gilles (dir.) (1992), *Montréal imaginaire. Ville et littérature*, Montréal, Fides.

NUTTING Stéphanie (1993), « *Bonheur d'occasion* et *Maryse* : lectures croisées, lecture en rond », in *Voix et images*, 53, p. 253-263.

OLLIER Claude (1958/1982), *La mise en scène*, Paris, Flammarion.

Bibliographie

OUELLET Réal (1999), « Une littérature qui se donne pour réalité : la relation de voyage », in Madeleine FRÉDÉRIC et Serge JAUMAIN (dir.), *La relation de voyage : un document historique et littéraire*, Bruxelles, Université Libre de Bruxelles, Centre d'Études canadiennes, pp. 9-35.

OUELLET Réal (1994), « Aux origines de la littérature québécoise : nomadisme et indianité », in Franca MARCATO FALZONI (dir.), *Mythes et mythologies des origines dans la littérature québécoise*, Bologne, CLUEB, pp. 1-32.

PATERSON Janet (1984), « L'envolée de l'écriture : *Les Fous de Bassan* d'Anne Hébert », in *Voix et images*, IX, 3, p. 143-151.

PATERSON Janet (1985), *Anne Hébert. Architexture romanesque*, Ottawa, Éditions de l'Université d'Ottawa.

PATERSON Janet (1990), *Moments postmodernes dans le roman québécois*, Ottawa, Presses de l'Université d'Ottawa.

PATERSON Janet (2002), « Quand le *je* est un(e) Autre : l'écriture migrante au Québec », in Marc MAUFORT et Franca BELLARSI, *Reconfigurations. Canadian Literatures and Postcolonial Identities/ Littératures canadiennes et identités postcoloniales*, Bruxelles, PIE-Peter Lang, pp. 43-59.

PATERSON Janet (2004), *Figures de l'autre dans le roman québécois*, Québec, Éditions Nota bene.

RESCH Yannick (1978), « La ville et son expression romanesque dans *Bonheur d'occasion* de Gabrielle Roy », in *Voix et images*, IV, 2, p. 244-257.

RICARD François (2001), *Introduction à l'œuvre de Gabrielle Roy*, Québec, Éditions Nota bene.

RICARD François et EVERETT Jane (dir.) (2000), *Gabrielle Roy inédite*, Québec, Éditions Nota bene.

RINGUET (1938), *Trente arpents*, Paris, Librairie Flammarion.

ROBIN Régine (1979), *Le cheval blanc de Lénine ou l'Histoire autre*, Bruxelles, Complexe.

ROBIN Régine (1983), *La Québécoite*, Montréal, Québec/Amérique.

ROBIN Régine (1989), *Le roman mémoriel : de l'histoire à l'écriture du hors-lieu*, Montréal, Le Préambule.

ROBIN Régine (1995), *Le naufrage du siècle* suivi de *Le cheval blanc de Lénine ou l'Histoire autre*, Montréal, XYZ.

ROBIN Régine (2003), *Le deuil de l'origine. Une langue en trop, la langue en moins*, Paris, Kimé.

ROMNEY Claude et DANSEREAU Estelle (dir.) (1995), *Portes de communications. Études discursives et stylistiques de l'œuvre de Gabrielle Roy*, Québec, Presses de l'Université Laval.

ROY Gabrielle (1945/1978), *Bonheur d'occasion*, Montréal-Paris, Stanké, coll. 10/10.

ROY Gabrielle (1948/1982), « Retour à Saint-Henri », in *Fragiles lumières de la terre*, Montréal-Paris, Stanké, p. 159-175.

ROY Gabrielle (1950/1980), *La petite poule d'eau*, Montréal-Paris, Stanké, coll. 10/10.

ROY Gabrielle, (1954/1979), *Alexandre Chenevert*, Montréal-Paris, Stanké, coll. 10/10.

ROY Gabrielle (1955/1980), *Rue Deschambault*, Montréal-Paris, Stanké, coll. 10/10.

ROY Gabrielle (1961/1978), *La montagne secrète*, Montréal-Paris, Stanké, coll. 10/10.

ROY Gabrielle (1966/1999), *La route d'Altamont*, Montréal, Boréal, coll. Boréal Compact.

ROY Gabrielle (1970/1979), *La rivière sans repos*, Montréal-Paris, Stanké, coll. 10/10.

ROY Gabrielle (1972/1979), *Cet été qui chantait*, Montréal-Paris, Stanké, coll. 10/10.

ROY Gabrielle (1977), *Ces enfants de ma vie*, Montréal, Stanké.

ROY Gabrielle (1988), *La détresse et l'enchantement*, Montréal, Boréal.

ROY Gabrielle (1997), *Le temps qui m'a manqué*, Montréal, Boréal.

SAINT-MARTIN Lori (dir.) (1992 et 1994), *L'autre lecture. La critique au féminin et les textes québécois*, 2 tomes, Montréal, XYZ.

SAINT-MARTIN Lori (1997), *Contre-voix. Essais de critique au féminin*, Québec, Nuit blanche éditeur.

SAINT-MARTIN Lori (1998), *Lectures contemporaines de Gabrielle Roy. Bibliographie analytique des études critiques (1978-1997)*, Montréal, Boréal.

SAINT-MARTIN Lori (dir.) (1998), *Féminisme et forme littéraire. Lectures au féminin de l'œuvre de Gabrielle Roy*, Montréal, UQAM, Cahiers de l'UREF, n° 3.

SAINT-MARTIN Lori (1999), *Le nom de la mère. Mères, filles et écriture dans la littérature québécoise au féminin*, Québec, Éditions Nota bene.

SAINT-MARTIN Lori (2002), *La voyageuse et la prisonnière. Gabrielle Roy et la question des femmes*, Montréal, Boréal.

SIMON Sherry (1999), *Hybridité culturelle*, Montréal, Les élémentaires.

SIMON Sherry, L'HÉRAULT Pierre, SCHWARTZWALD Robert et NOUSS Alexis (dir.) (1991), *Fictions de l'identitaire au Québec*, Montréal, XYZ.

SMART Patricia (1988), *Écrire dans la maison du père. L'émergence du féminin dans la tradition littéraire du Québec*, Montréal, Québec/Amérique.

TETU de LABSADE Françoise (2001), *Le Québec : un pays, une culture*, 2e édition revue et augmentée, Montréal, Boréal.

TOUNGOUZ NEVESSINGNSKY Katia (1992), « Le rapport à la connaissance dans l'œuvre romanesque de Réjean Ducharme », Université Libre de Bruxelles, mémoire de licence.

TREMBLAY Roseline (2004), *L'écrivain imaginaire. Essai sur le roman québécois 1960-1995*, Montréal, Éditions Hurtubise HMH.

VANASSE André (1984), « D'emblée la rupture », in *Écrire au Québec : ruptures et continuité*, *Écrits du Canada français*, n° 52, pp. 97-106.

VAUCHER GRAVILI Anne de (dir.) (2000), *D'autres rêves. Les écritures migrantes au Québec*, Venise, Supernova.

VOVELLE Michel (1983), *La mort et l'Occident de 1300 à nos jours*, Paris, Gallimard.

ZYMBERAJ Sevdi (1989), « Vertige du temps et de la mémoire dans trois romans d'Anne Hébert », Université Libre de Bruxelles, mémoire de licence.

Note bibliographique

Certains chapitres du présent ouvrage recouvrent partiellement des publications antérieures, parfois difficilement accessibles car disséminées dans des revues déjà anciennes ; ces premières versions ont été remaniées : recentrées ou au contraire élargies, en tout cas réactualisées. En voici la liste :

– (1988), « *Keetje* de Neel Doff et *Bonheur d'occasion* de Gabrielle Roy : romans de crise et stratégie romanesque », in *Cultures du Canada français*, 5, p. 155-162.

– (1989a), « *Une belle journée d'avance* de Robert Lalonde ou quand le roman se fait poésie », in *Voix et images*, 43, pp. 83-92.

– (1989b), « Il romanzo quebecchese e la seconda guerra mondiale : Saint-Henri nella tormenta », in Luigi LIBERATI (dir.), *Il Canada e la guerra dei trent'anni : l'esperienza bellica di un popolo multietnico*, Milan, Guerini, p. 301-312.

– (1990), « La mort et ses transfigurations de Jean Le Maigre à Judith Lange », in Franca MARCATO FALZONI (dir.), *Autour de l'univers souterrain dans la littérature québécoise*, Bologne, CLUEB, p. 205-224.

– (1991), « L'écriture mutante dans *La Québécoite* de Régine Robin », in *Voix et images*, 48, p. 493-502.

– (1992a), « Stylistique et recul des genres au Québec », in Louise MILOT et Jaap LINTVELT, (dir.), *Le roman québécois depuis 1960. Méthodes et analyses*, Québec, Presses de l'Université Laval, pp. 57-74.

– (1992b), « Montréal dans la crise des années 30 : *Bonheur d'occasion* ou la stratégie des chronotopes », in Madeleine FRÉDÉRIC (dir.) (1992a), *Montréal mégapole littéraire*, Bruxelles, Université Libre de Bruxelles, Centre d'Études canadiennes, pp. 75-82.

– (1992c), « Montréal, Paris : mégapoles schizophrènes ? *La Québécoite* de Régine Robin ou quand la stylistique s'ancre dans l'Histoire », », in Madeleine FRÉDÉRIC (dir.) (1992a), *Montréal mégapole littéraire*, Bruxelles, Université Libre de Bruxelles, Centre d'Études canadiennes, p. 129-132.

– (1994a), « Montréal, Paris : métropoles ou mégapoles littéraires ? Francis Carco, Pierre Mac Orlan, Régine Robin et Jean-François Vilar », in Benoît MELANÇON et Pierre POPOVIC (dir.), *Montréal 1642-1992. Le grand passage*, Montréal, XYZ éditeur, pp. 53-64.

– (1994b), « Quête de l'origine et retour au temps mythique : deux lignes de fuite dans l'œuvre de Robert Lalonde », in Franca MARCATO FALZONI (dir.), *Mythes et mythologies des origines dans la littérature québécoise*, Bologne, CLUEB, p. 249-262.

- (1995a), « *Bonheur d'occasion* et *Alexandre Chenevert* : une narration sous haute surveillance », in Claude ROMNEY et Estelle DANSEREAU (dir.), *Portes de communications. Études discursives et stylistiques de l'œuvre de Gabrielle Roy*, Québec, Presses de l'Université Laval.
- (1995b), « Marie-Claire Blais », in *Alphabet illustré de l'Académie*, Bruxelles, Académie Royale de Langue et de Littérature françaises, pp. 36-37.
- (1996), « Robert Lalonde : petite cosmogonie romanesque », in *Bulletin francophone de Finlande*, numéro spécial *Canada*, 7, pp. 93-100.
- (2001), « Narration/description/évocation dans le roman francophone contemporain », in Jean Cléo GODIN (dir.), *Nouvelles écritures francophones. Vers un nouveau baroque ?*, Montréal, Presses de l'Université de Montréal, p. 179-193.
- (2002), « Espace en déshérence : la terre natale déclinée par Marie-Célie Agnant », in Louise DUPRÉ, Jaap LINTVELT et Janet PATERSON (dir.), *Sexuation, espace, écriture. La littérature québécoise en transformation*, Québec, Éditions Nota bene, p. 351-365.

Études canadiennes : dans la collection

N° 1 – Serge Jaumain & Éric Remacle (dir.), *Mémoire de guerre et construction de la paix. Mentalités et choix politiques. Belgique – Europe – Canada* (provisional title), forthcoming, ISBN 90-5201-266-0

N° 2 – Robert C. Thomsen and Nanette L. Hale (eds.), *Canadian Environments. Essays in Culture, Politics and History*, 2005, 316 p., ISBN 90-5201-295-4

N° 3 – André Magord (dir.), *Adaptation et innovations. Expériences acadiennes* (titre provisoire), à paraître, ISBN 90-5201-072-2

N° 4 – Madeleine Frédéric, *Polyptyque québécois. Découvrir le roman contemporain (1945-2001)*, 2005, 176 p., ISBN 90-5201-096-X

Consultez notre site Internet
www.peterlang.com
Nous nous réjouissons de votre visite !